＼ｆｒｅｅ対応／

ひと月3分、ムダ0確定申告

税理士が教えたくなかった最強節税術

0（ゼロ）

原 尚美 ＋ 山田 案稜

技術評論社

はじめに

恐怖の３月15日——
私たちフリーランスにとって、この日は、特別な意味をもっています。
そうです。確定申告の締切です。

どんどん溜まっていくレシートの山。
「よーし、やるぞ！」と決めた瞬間、クライアントからかかってくる督促の電話、クレームのメール。
売上が中々上がらないタイミングで、会計ソフトに数字を打ち込むストレス。

「いったいこの領収書をどの項目に入力すればいいのか？」
「どんな部分に注意すればいいのか？」
「そもそも、この入力で合っているのか？」

といった感じで、自信が持てなかったりしないでしょうか。

今打ち込んでいる数字が、税金や将来の融資にどう影響してくるのか。
税務調査に入られたら、問題になるんじゃないか。
逆に、もっと経費に入れられるものがあるんじゃないか。

何もかもよくわからない不安を、ひとりで抱えながら……。

「もっとラクにできないか？」と書店に並んでいるたくさんの確定申告に関する本を手にとっても、正しい手続きは書いてあるけれど、本当に知りたい

「これだけはやらなくちゃいけない必要最低限の部分」
「ぶっちゃけ手を抜いていい部分」

3

「一番ラクに確定申告までクリアする具体的な手順」

　などは書いてありません。では、どうすればいいのでしょうか？

　そんな悩みに応えるために生まれたのが本書です。

　本書の最大の特徴は、2013年に誕生した「freee」という、仕訳の入力時間を大幅に削減する夢のような会計ソフトに対応していること。最初に設定をしっかりしてしまえば、クレジットカードや、ネットバンキングから同期したデータで、自動で勘定科目や取引内容を記録してくれるのです。「こんな会計ソフトがあれば……」と夢にまで見ていたものです。

　freeeの基本機能をざくっと使いこなせるようになると、小規模の事業者のほとんどは、自分で記帳する作業が大きく削減されます。お金を払って、記帳の代行サービスを頼む必要がなくなるのです。

　難しい簿記の知識や、勘定科目を逐一記憶することもなくなりますし、記帳の作業もわずかになります。データを自動的に同期してくれるので、数字の打ちまちがいも発生しません。筆者の体感では50倍くらい作業が楽になっています。

　さらに本書では、以下のようなプロの税理士のノウハウもぎっしり盛り込みました。

・迷いがちな経費で落とせる取引と、そうでない取引のぶっちゃけ境界線
・銀行口座やネットバンキングの選び方
・年に一度の決算をクリアをするためのポイント

　皆さんが本書の知識を活用して、煩わしい確定申告にとられる時間と、ストレスを大きく減らして、売上を上げるために使う時間や、自分や家族のために楽しく過ごせる時間を少しでも増やせるよう、心より願っております。

Part 1 確定申告でラクするための準備と考え方

▶ **1-1 預金通帳を3つ持とう** 14

通帳が少ないほうがめんどうくさいんです　14

プライベートと事業の口座を分ければ、お金の増減の理由がラクにわかる　15

預金通帳で売上と経費が「肌感覚」でわかるように　16

毎月、自分の生活費を入金口座からプライベート口座に振り替える　17

● column　おすすめの銀行口座　17

▶ **1-2 クレジットカードを2枚作っておこう** 19

プライベートカードとビジネスカードの2枚を用意しよう　19

クレジットカードを使うと、お金を使いすぎない？　20

● column　クレジットカードは会社員の方が作りやすい　21

▶ **1-3 領収書のイライラはこれで最小限に！** 22

どうしてもクレジットカードを使えないときは　22

「領収書お願いします」は今すぐやめよう　22

プライベート用のレシートはその場で捨てる　23

領収書がたまってきたら、財布から取り出してホッチキスで留める　24

領収書の合計額を、経費用口座から引き出す　24

▶ **1-4 領収書／売上請求書をかんたんにまとめる方法** 25

スクラップブックとノリは今すぐ捨てよう！　25

お徳用の茶封筒をまとめて買っておこう　26

1ヶ月ごとに1枚の封筒に領収書を入れて保存　26

売上請求書は、1箇所にまとめて入金もチェック　26

支払い請求書は、振り込むまで未決用の箱に　27

カード会社から送られてくる明細に領収書を留めてバインダーへ　27

預金通帳は表紙に「年度」と「番号」を記載して封筒へ　28

紙で残すのがイヤなら電子保存も　28

▶ **1-5 勘定科目は覚えるな** 30

法律で決められた勘定科目はありません　30

自分が一番わかりやすい言葉を使えばOK　31

Part 2 確定申告の準備をしよう

▶ **2-1 会計ソフトは、一生のお付き合い相手と思って選ぶ** 34
「帳簿をつける」ってどういう意味？ 34
いろいろある、会計ソフト… どうやって選ぶ 35

▶ **2-2 Excel** 36
1円もソフトにお金を使いたくない人におすすめ 36

▶ **2-3 インストール型会計ソフト** 37
未だに利用者が多いインストール型会計ソフト 37
サポート不要、費用を抑えたい人におすすめ 37
すべて手入力をしなくてはいけないのと、バージョンアップが大変 38

▶ **2-4 クラウド型会計ソフト** 39
利用者が急増中のクラウド型会計ソフト 39
会計ソフトを立ち上げると、記帳作業が半分終わっている！ 40
勘定科目も予測で入れてくれる 41
難しい会計用語は考えなくて OK 42
勘定科目の説明まで！ 42
勝手に最新バージョンにアップデートしてくれる 43
Mac ユーザでも使える 44
スマートフォンからも帳簿がつけられる 44
請求書も PDF で発行、しかも取引先の未払いなどのチェックができる 44
サポートも無料 45
現金勘定が多い人は、恩恵が少ないかも 45

▶ **2-5 税理士に丸投げコース** 47
お金をかけてでも楽をしたいなら、税理士にお任せ！ 47
節税額によっては、元がとれてしまう可能性も 48
自動経理か、記帳代行サービスの2択 49

▶ **2-6 まずは基本と流れをおさえておこう** 51
申告の期限とタイムスケジュールを把握しておこう 51
確定申告は自分でしないといけません 53
「所得」と「収入」の違いって？ 53

ひとめでわかる10種類の所得　54

● column　どうして所得税のしくみはこんなに複雑なの？　55

所得の種類がいくつあっても、税務署に提出する申告書はたった1枚　55

Part 3 お金が出ていくときの処理を マスターしよう

▸ **3-1　経費の処理をする前に確認しておきたいこと**　58

freee なら「入金」「出金」の2つを区別するだけ！　58

売上や費用はいつ入力する？　59

▸ **3-2　経費のヒミツ、こっそり教えます**　61

どこまでなら経費にしてもいいの？　61

支払を経費にできるかを判断するたった1つの基準　63

「家事按分割合」でプライベートでの支出の一部を経費に　64

▸ **3-3　経費に組み入れるのがおすすめの支出**　67

「自宅マンションの管理費」を忘れずチェック　67

家族名義の自宅を事務所にしている場合　68

車は職種や車種によっても変わる　70

冠婚葬祭は「領収書が出ないから」とあきらめていませんか？　71

● column　「領収書さえあれば、何でも経費にできる」は大まちがい！　72

▸ **3-4　経費にするのは悩ましい支出、どうする？**　74

決めるのはあなた　74

家族旅行、視察も兼ねてるから経費にしたい！　75

出張で豪華ホテルに宿泊、どこまで許されるの？　77

1人の食事代、経費にしても大丈夫？　78

● column　なぜ、支払った全額を入力してからプライベート部分をマイナスするのか　81

打ち合わせ用のスーツ、経費にできないの？　82

「映画鑑賞は趣味じゃないよ、マーケティングだよ！」ってOK？　84

● column　「少額不徴収」と「重要性の原則」を知っておこう　86

▸ **3-5　さすがに経費にできない支出**　88

経費にできない支出は3種類　88

税金の計算をするときに控除できるもの　89

経費算入は、諦めるしかないもの　95
税制上の仕組みとして経費にならないもの　96

▸ **3-6　ざっくりわかる節税効果**　99
所得が大きくなるほど税率も高くなる　99
事例でわかる節税効果　100
● column　じつは怖い、節税のデメリット　102

▸ **3-7　よくある取引を処理してみよう**　104
通帳から電気代や電話代が引き落とされた　104
取引先を接待して、カードで支払った　104
喫茶店で打ち合わせをして、現金で支払った　105
仕入先から請求書が届いた　107
コンビニでノートを買い、SMART ICOCA で払った　109
● column　freee と相性がいい交通系 IC カードはどれ？　110
従業員に給料を支払った　111
● column　家族に給料を支払ったら　112
自宅をオフィスとして使っているならば　113
● column　自分の生活費はどうする？　113

Part 4　お金が入ってくるときの処理をマスターしよう

▸ **4-1　入金処理をする前に確認しておきたいこと**　116
なるべく通帳に振り込んでもらい、それ以外は 1 日分ずつ預け入れる　116
入金口座は、どこの銀行を選ぶと便利か？　117
どの時点で「売上が実現した」といえるか　118
売上の日付は 1 年の最後に気にすれば OK　119

▸ **4-2　売上を処理するには**　121
請求書を作ろう　121
● column　「売掛金」と「未収金」の違いは？　123
入金があったら消し込みをする　123
「入出金予定とマッチ」が表示されない場合は　124
もしも予定どおりに入金されていなかったら　125
請求額と入金額がちがうときは　126

未収金の取りっぱぐれがいかにおそろしいか　127
支払期日を設定しておけば、自動で教えてくれる　128
現金が入金されたときに売上を計上する場合は　129
去年の決算で未収金として入力した売上はどう処理する？　130

▸ **4-3　お金を借りた場合はどうするの？**　132
借入のときは「支払用の口座」を利用する2つの理由　132
借りたお金を返済したときは　134
タグ機能で借入残高をしっかり管理しよう　135

▸ **4-4　ローンを組んだ場合は**　136
ローンの特徴って？　136
ローンを処理するには　137
ローンを返済したときは　138
ローンの残高もタグでしっかり管理！　138

Part 5　税金がトクになること、トクにならないけどやらなければいけないこと

▸ **5-1　青色申告のメリットを理解しよう**　140
青色申告って、なにがうれしいの？　140
なぜ白色申告のメリットはあまりないのか　144
青色申告には帳簿づけが不可欠　148
3分でざっくりわかる複式簿記　149
● column　株式会社と、個人事業どっちがお得？　152

▸ **5-2　税金が安くなるわけではない取引をチェック**　155
入金口座から支出口座への資金移動　155
生活費を引き出した　156
お金が足りなくなって、自分の貯金から入金したとき　157
高い買い物をしたとき　158
敷金や保証金を支払った　160
自分の所得税や住民税、国民健康保険料を払った　162
断りきれずにお金を貸しちゃった……　163

預金に利息がついてきた！　164

所有しているアパートの家賃が入金された　166

風邪を引いたので、医者に行った　166

株式や FX の取引をした　168

自宅のローンを支払った　168

自宅を売った　169

タグを使って事業主勘定の操作をなるべくラクに　169

Part 6 年に一度だけの 決算処理を乗り切ろう

▶ 6-1 売上や経費を、現金主義から発生主義に変更する　172

決算って？　172

使った翌月、通帳から引き落とされるものはどう処理する？　173

未収金で気をつけたい2つのケース　175

すでに現金を払っているのに、サービスを提供してもらってない場合は　176

まだサービスを提供していないのに、先にお金をもらう場合は　177

期ずれの注意点　178

▶ 6-2 売上と費用を対応させる　179

だれが計算しても同じ数字にならないことが　179

売れ残っているものの仕入代金は、今年の経費にはできない　180

今年分の仕入を正しく計算するには　181

▶ 6-3 高い買い物を費用化する（減価償却費）　183

資産をどこかのタイミングで経費として計上する　183

「売上に貢献する期間」はどう決まる？　185

● column　減価償却のもう1つの方法「定率法」について　186

freee で減価償却を処理するには　187

▶ 6-4 いつまでたっても入金されない未収金を処理する　188

貸倒れになりそうな金額を見積もるだけで経費になる？　188

もし、回収できそうにない未収金がたくさんあったら　190

ついに回収不能になってしまった場合　191

▶ 6-5 消費税の処理はどうする　193

2年前の売上が1000万円以下ならば申告免除　193
2年前の売上が5000万円以下ならばかんたんにできる方法が　194
簡易課税制度を選択する場合の2つの注意点　197
● column　「消費税の簡易課税」の届け出はものすごく大切！　201

Part 7 ホント？　ウソ？ 確定申告の都市伝説

▸ 7-1　税金にまつわる都市伝説　204
相談会場で申告書を提出したら、税務署のお墨付きがもらえる？　205
所得が少なければ税務調査は来ない？　206
5年間、無申告がばれなければ逃げ切れる？　209
● column　じつはとっても優しい日本の税務署　210

▸ 7-2　無申告の7つのペナルティとは　211
税務上の特典が使えない　211
ペナルティの税金がかかる　212
過去の住民税の督促が一気にくる　214
過去の国民健康保険料の督促が一気にくる　218
ビジネスが大きくならない　219
ローンが借りられない　220
最悪、前科者になる　221
無申告を捕足する3つのツールとは　221
帳簿をつけるのは納税のためだけではない　224
申告書を作成するには　224
● column　修正申告を恐れなければ、決算は怖くない　229
● column　タックス・マンがやって来た！　229

Part 8 インターネットで ラクラク申告

▸ 8-1　電子申告はこんなにラクちん　234
申告書を税務署に提出する5つのステップ　234

電子申告ならパソコンでクリックするだけ！ 237

電子申告では添付が省略できる書類が 239

優先的に還付金が振り込まれ、24時間利用できるメリットも 240

e-Tax を利用するには 241

2年目以降のチャレンジがおすすめ 242

▸ 8-2 納税もネットでかんたん 244

金融機関の窓口で払う 244

振替納税制度を利用する 245

インターネットを利用して支払う 245

電子申告を利用している場合は「ダイレクト納税」を使う方法も 246

Appendix
付録：会計ソフトfreeeの使い方

▸ Appendix-1 freee の基本操作を身につけよう 248

基本情報を登録する 248

口座を登録する 249

● column あなたの銀行やクレジットカードが自動同期に対応していなくても大丈夫 250

便利な「自動で経理」機能 252

● column さらに便利に使うための「自動登録ルールの設定」 253

ほかのソフトから乗り換える場合 255

▸ Appendix-2 取引を登録しよう 256

取引を登録する３つの方法 256

取引を登録するときに必須の情報 258

取引を登録する際に、必要に応じてつける情報 258

▸ Appendix-3 未決済の取引に決済情報を登録しよう 263

「自動で経理」から登録 263

「取引の編集」から登録 264

取引を編集する 264

▸ Appendix-4 別の口座に資金が移動した場合は 265

「口座振替」とは 265

口座振替を登録する２つの方法 266

● column カードの取引を入力する際の注意 266

確定申告でラクするための準備と考え方

Part 1

預金通帳を３つ持とう

通帳が少ないほうがめんどうくさいんです

「レシートがどこにいったかわからない」
「お金を事業用に使ったのか、個人用に使ったのかがぐちゃぐちゃになってる」

　なんてことが、確定申告で頭を抱える大きな理由。一番最悪なのは、「そもそも何に使ったのかわからない……」という状態です。
　そんなトラブルも、最初に決まりごとを作ってしまえばぐっと少なくなり、あとからずーっと帳簿づけがラクになります。
　まず、起業したら預金通帳を３つ持ちましょう。

「３つもなんて、めんどうくさい！」

　と思うかもしれませんが、ちょっと待って！　通帳の数は、逆に１つ、２つと少ないほうがめんどうくさくなるんです。
　なんで通帳が３つあると便利なのか？　その理由はズバリ２つ。

❶ プライベートと事業で使ったお金がしっかり分けられて混乱しない
❷ 預金通帳の残高を見るだけで、売上と経費の総額が感覚でわかる

くわしく見ていきましょう。

プライベートと事業の口座を分ければ、お金の増減の理由がラクにわかる

「3つ口座を作る」といっても、じつはそんなにたいした作業ではありません。作るのは以下の3つですが、すでにプライベートの銀行口座は持っているでしょうから、事業用にしか使わない銀行口座を別に2つ作るだけで OK です。

・プライベート用の預金口座1つ
・事業用の預金口座2つ（入金専用口座、支出専用口座）

3つ口座を作る

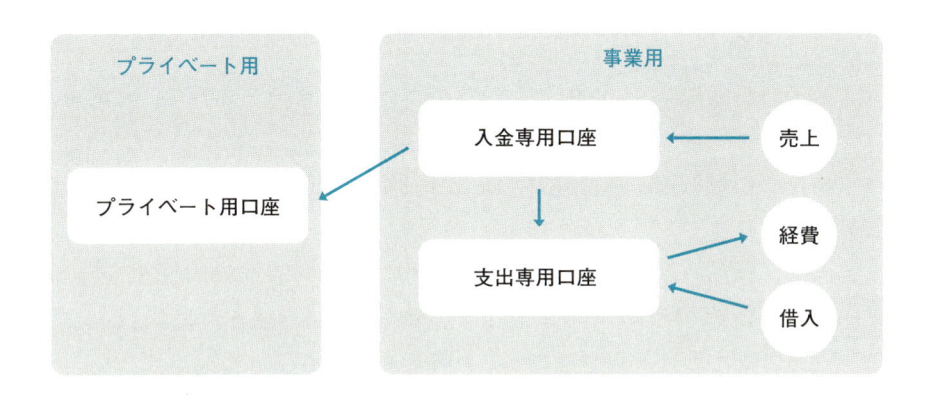

一番重要なのは、「プライベートで使うための銀行口座を完全に分ける」こと。事業で使ったお金は経費で落ちますが、プライベートで使ったお金は経費で落とすことができません。銀行口座がいっしょだと、これを1つ1つ確認しながら分けなくてはいけません。

また、生活のためにプライベートで使ったお金と、事業で稼いだお金、

使ったお金が分けられていないので、口座から急にお金が減ったときや増えたときなどに、

「事業が儲かったのか」
「事業の経費が多かったのか」
「プライベートの経費が多かったのか」
「プライベートの支出が極端に少なかったのか」

　など、原因がわからなくなってしまいます。
　口座を分けるだけで、そうした原因がラクにわかるようになるのです。

預金通帳で売上と経費が「肌感覚」でわかるように

　さらに一歩進んで、事業用の口座を「入金用の口座」と「支出用の口座」に分けることが、ラクに帳簿づけするためのとっても重要なポイントです！
「入金用の口座」は、基本的には事業収入のお金が振り込まれていくので、ほとんどイコールで「売上」（売上帳）になります。
「支出用の口座」は、逆に経費で支出するものだけが記されるため、「経費帳」になります。
　あとは、毎月の月末（月初）に、入金用の口座からその月の経費を支出口座に振り替えるだけでバッチリです。毎月、会社で使うおおよその経費は、支出口座に毎月入金することで、肌感覚でわかってきます。
　振り込んだお金が月の途中で足りなくなれば、「今月はこんなに経費を使っているのか！」と気がつきますし、逆に振り込んだ経費が余れば、思ったほど経費を使っていないことがかんたんにわかります。税金対策で、ある程度必要なものを今のうちに経費で買っておくかどうかを判断する材料にもなります。

毎月、自分の生活費を入金口座からプライベート口座に振り替える

　どんぶり勘定になりやすいのが、プライベートでの生活費です。経費とプライベートの生活費がごちゃごちゃになっていることで、自分が本当はいくらお金を使っているのかがよくわからなくなるのです。

　こちらも、毎月の月末（月初）に、自分の口座に必要な金額を振り込んでみましょう。プライベートの口座に必要なお金を毎月振り替えれば、自然にプライベートの口座の残高で堅実な金銭感覚が身についていきます。「本当にプライベートのためだけに使っているお金」が一目瞭然になるからです。

　あなたはお金は浪費しすぎ、それとも堅実のどちらでしょうか？

● column
おすすめの銀行口座

　振込手数料、入出金の手数料などは、利用する銀行によって、かなり大きな違いがあります。

　「金融機関の規模が大きいほうが安心」ならば、ゆうちょ銀行、三菱東京UFJ銀行、みずほ銀行、三井住友銀行などのメガバンクで口座を作ることをおすすめします。

　しかし、「とにかく振込手数料や、入出金の手数料を浮かせたい！」というのならば、個人口座では「住信SBIネット銀行」が一番のおすすめ。振込手数料が月3回まで無料のほか、それ以降の振込手数料も最安クラスです。

　また、セブン銀行のATMを使えば、24時間出金が無料。ゆうちょ銀行、イーネットATM、ローソンATMでも、月5回まで無料で出金できます。

　この差はバカにできません。たとえば、住信SBIネット銀行と三井住友銀行を比較してみましょう。

　他行宛に月5回3万円以上を振込み、時間外出金を月3回利用する場合、以下のようになります。

●住信 SBI ネット銀行の場合（1ヶ月）
　振込３回が無料、残り２回×154円。出金は時間外でも無料

　154×2＝308円

●三井住友銀行の場合（1ヶ月）
　他行宛の振込は432円×５回で2,160円、時間外の出金３回は216円×３回で648円

（432×5）＋（216×3）＝2,808円

　このように、１ヶ月だけで、2,500円も違ってくるのです。
　これが12ヶ月続くと、１年でなんと30,000円！もの差に広がります。
　主要な銀行の選び方ひとつで、年間で万単位の差がつくのです。しっかり事前調査しましょう。
　freee に便利な銀行口座や、クレジットカードについては、追ってくわしく解説します。

クレジットカードを
2枚作っておこう

プライベートカードとビジネスカードの2枚を用意しよう

　事業を始めるにあたって、クレジットカードの存在はものすごく重要。クレジットカードをうまく使いこなせば、あなたの記帳の時間は限りなくゼロに近づくからです。

　一番のポイントは、クレジットカードを2枚に分けること。そう、預金通帳と同じで「プライベート用のカード」と「ビジネスカード」の2つを用意するのです。理由も運用の仕方も、もうおわかりですね？　もちろん今後、事業用の経費は、全部「ビジネスカード」で支払います。

　その際、クレジットカードの引き落とし口座は、以下のようにきちんと分けるようにしましょう。ここをまちがえると、意味がなくなってしまうので要注意です。

・「プライベートカード」の引き落とし　⇒　プライベート口座から
・「ビジネスカード」の引き落とし　⇒　経費用口座から

　あらゆる経費を「ビジネスカード」で引き落とすようにすれば、なんとビジネスカードの明細表が「経費帳」に早変わり。ビジネスカードの明細表を見るだけで、経費の流れが一発で把握できてしまいます。

　一方、経費で落ちるものを現金で買っていると、領収書を1枚ずつ入力

しないと取引の内容が記録されていきません。数カ月分の記帳をさぼると、すべての入力が終わるまで取引の一覧を見ることができません。

クレジットカードを使うと、お金を使いすぎない？

「クレジットカードで支払いをすると、金銭感覚が麻痺するんじゃないか？」

そんな心配もあるかもしれません。しかし、カードをプライベート用と、ビジネス用に分けた場合は、むしろ金銭感覚がしっかりする可能性のほうが高いと筆者（山田）は考えます。

というのも、「ビジネスカード」からは、経費になるものしか買えないため、ムダづかいをするにも限界があります（「経費でムダづかいをする」という考えがそもそもおかしいのですが……）。おまけに、先ほどの通帳分けのテクニックで説明したとおり、「経費用の通帳」を分けておけば、毎月どのくらい経費を使ったかが肌感覚でわかるため、「ちょっと今月は使いすぎた」と感じたらすぐに気がつきます。

どちらかと言えば、おそろしいのは、「プライベートカード」でのムダづかいです。ただ、こちらも通帳をプライベート用（生活費用）に分けてあるので、毎月生活費を振り込んだときに「今月はちょっとプライベートでお金を使いすぎかも……」という状態にすぐに気がつけるようにはなっています。

とはいえ、プライベートカードでは、経費とは違ってどんなものでも買えてしまうので、根本的に制御する手段はありません。どうしても「クレジットカードだとムダづかいしてしまう！」と心配ならば、プライベート用のカードは持たないか、持っていても金庫の奥に封印してしまいましょう。

● column

クレジットカードは会社員の方が作りやすい

　悲しいことに、自営業者の信用力は、世間では本当に肩身が狭いものです。会社員であればかんたんに作れるクレジットカード、銀行口座、住宅ローンなどが、びっくりするぐらいシビアになります。筆者（山田）は、個人のクレジットカードの審査で落とされましたし、銀行口座の審査でも落とされたことが何度もあります。さらに、法人成りして株式会社を設立した後も、容赦なく、法人のクレジットカード、銀行口座の開設で叩き落とされております。先日も、筆者はとある銀行口座の開設を断られました（涙）。

　もし、あなたが会社勤めであれば、今のうちに銀行口座や、クレジットカードをいくつか作っておきましょう。すでに独立してしまった方は、まず第一に、審査に落ちてもめげずに、いろいろなカード会社や銀行に「挑戦してやる！」という気持ちが大切です。

　じつは、クレジットカードにしろ、銀行口座にしろ、審査には一定の傾向があります。審査の基準や必要な書類はそれぞれの会社で違うので、いくつも審査に落ちて絶望していても、ある会社ではあっさり通過、ということはよくあるのです。

　筆者の経験や、知人経営者などの情報だと、審査に比較的通りやすい印象があるのは、個人であれば「セゾンカード」あたりが鉄板のイメージ。また、個人、法人問わず作りやすいのは「楽天カード」。意外なところで「アメリカン・エキスプレス」はかなり審査が通りやすいです。会社設立後、赤字満載だった私の会社で、アメックスのビジネスゴールドの審査がサクッと通過したのは、なかなか爽快でした。ただし、アメックスは年会費がそれなりにかかるので注意しましょう（だから審査が通りやすいのか？）。

領収書のイライラはこれで最小限に！

どうしてもクレジットカードを使えないときは

　本当は、事業用の経費はすべて全部クレジットカードで支払ってしまうのがベストです。しかし、カード払いに対応していない飲食店など、どうしても現金で支払う必要があるケースも出てくるでしょう。そこで、財布も事業用とプライベート用に分けて考える必要があります。

　とはいえ、カードと違って、財布を２つ持ち歩く必要はありません。事業用経費のクレジットカード払いを徹底して、どうしても、たまに発生してしまう現金払いの経費については、あとで「経費用の口座」から引き出せば OK です。くわしく見ていきましょう。

「領収書お願いします」は今すぐやめよう

「経費で落とすには、すべて "領収書" と書かれているものをもらわなくてはいけない」

　そう思っていないでしょうか？

　じつは、それはよくある誤解の１つ。いちいち買い物するたびに「領収書お願いします」「宛名はこちらで」とやっている方がいますが、じつは

そんな手間はまったく必要ありません。今すぐやめましょう。

　なぜかといえば、スーパー、コンビニ、その他お店で一般的に発行されるレシートは、そのままで領収書として機能するからです。「領収書」という形式ではなくても、「取引明細書」「引落明細書」「領収」「受領」といった文言が入っているものは、「印紙税法基本通達１７号の１」に定める「金銭受領書」に該当し、領収書として有効です。一般的に、買物をして店舗でもらうレシートは、この「領収書」として有効と判断してまちがいありません。

　むしろ、手書きの領収書よりも、機械で印字されたレシートのほうが、取引の履歴としては信頼性が高く、税務署からは疑われにくいくらいです。領収書の宛名に「上様」などと書かれているものを保存しているほうが、よほど税務署に疑われる可能性が高いでしょう。あなたがいちいち、領収書の発行をお店にお願いしているなら、すぐにレシートを領収書代わりにするように習慣を改めましょう。ものすごくラクになりますよ。

プライベート用のレシートはその場で捨てる

　プライベート用のレシートは、すぐに捨ててしまいましょう。そうすれば、財布の中に溜まったレシートはすべて事業用経費のものになるので、迷いません。

　家計簿をつけている人は、レシートをもらったらすぐにその場で家計簿をつけてしまいましょう。家計簿アプリをスマートフォンにインストールしておけば、いつでも家計簿をつけることができます。

　おすすめのアプリは、「Zaim」（http://zaim.net/）。こちらはなんと、写真で撮っただけで、レシートの内容を読み込んで家計簿に取り込んでくれます。精度も高いのでおすすめです。

領収書がたまってきたら、財布から取り出してホッチキスで留める

　財布の中の領収書がちょっぴりたまってきたら、財布から出してホッチキスで留めてしまいましょう。レシートは、よくバラバラになって行方不明になることが多いのですが、これで安心です。

　もちろん、レシートは現金払いのものと、クレジットカード払いのものに分けて留めましょう。クレジットカード払いのホッチキスで留めたレシートの束は、後で使うので、別にとっておいてください。

領収書の合計額を、経費用口座から引き出す

　ホッチキスで留めた領収書の束が増えてきたら、現金で支払った領収書（レシート）の束の合計額を、まとめて経費用口座から引き出します。

　最後に、経費を引き出した後のレシートの束の一番上に、合計額と口座から経費を引き出した日付を記録しておきましょう。

　これで、経費の記録はバッチリ。あとで、まとめて会計ソフトで記帳するときにもラクラクです。

領収書／売上請求書を
かんたんにまとめる方法

スクラップブックとノリは今すぐ捨てよう！

　税理士に経費の管理について相談すると、「レシートをきちんと整理して、ペタペタとスクラップブックに貼り付けましょう」と言われるかもしれません。でも、スクラップブックにレシートを貼り付ける作業はけっこう大変です。スクラップブックがかなりの数になってしまうし、1冊1冊の値段もバカになりません。人によっては、バインダー（パイプ式ファイル）に、穴あけパンチ器を使って、丁寧にコピー用紙をはさみつつ、ペタペタとノリづけをしていますが、かなりめんどうじゃないですか？

　おまけに、ノリづけは意外ともろく、レシートが剥がれてしまったり、パンチで開けた紙が破けてとれてしまうこともあります。さらに、あとから貼り忘れたレシートを見つけたときに、「追加で貼り付ける場所がない！」など、かなりストレスのかかることも。ノリで、手もベタベタ汚れます……。月ごとにすぐに見えるようにするために、ラベルなんかを貼っているともう大変。領収書の整理のはずが、図画工作の時間になってしまいます。

　スクラップブックに領収書を貼り付ける作業は、本来、後で領収書を見やすくするためのもの。ですが、ぶっちゃけ記帳する瞬間か、確定申告直前以外に、領収書を確認することなんてあるでしょうか？　そうです。ほとんどチェックする機会のないもののために、私たちは大変な労力を割い

ているのです。

　ということで、スクラップブックとノリは、とっとと捨ててしまいましょう！

お徳用の茶封筒をまとめて買っておこう

　では、スクラップブックや、バインダー（パイプ式ファイル）の代わりに、何を使えばいいのでしょうか？

　答えは、茶封筒！　アスクルや Amazon などで、200枚1,000円くらいで買えます。

　この茶封筒に、領収書を突っ込むだけで大丈夫。レシートの整理も速いし、なくさない。茶色が嫌なら、もっとカラフルなものでもどうぞご自由に。

1ヶ月ごとに1枚の封筒に領収書を入れて保存

　茶封筒での保存の仕方は、とってもシンプル。1ヶ月ごとに1枚の封筒を用意して、その中にその月の領収書をそのまま放り込むだけです。

　先ほどのポイントどおり、レシートを財布から取り出すたびにホッチキスでまとめておけば、ホッチキスでまとまったレシートの束が毎月いくつかできるでしょう。それを封筒に突っ込むだけで整理完了です。

　あとは、茶封筒の表に「〇年〇月分の領収書」と書いておいて、年月順に封筒を並べておけば、管理も完了。封筒もしっかり月ごとに分かれているので、あとから見るときでも意外と使いやすいのです。

売上請求書は、1箇所にまとめて入金もチェック

　売上請求書は、取引先ごとにバインダーを分けて、請求書の紙にパンチ

で穴を空けて綴じてしまいましょう。

　そして、売上請求書に対して実際に口座に入金があったら、入金があった日を請求書に書き込むようにしてください。そうすれば、売掛金がきちんと処理できたか、かんたんに確認できます。

　取引先の企業が3社以下など限られている場合は、売上請求書を1つのバインダーで管理しても十分かもしれません。自分がいちばん管理しやすい単位を探してみてください。

支払い請求書は、振り込むまで未決用の箱に

　支払い請求書の管理は、とても重要です。うっかり振込を忘れていると取引先との信用問題になりかねません。相手がニコニコ許してくれる場合もあるかもしれませんが、支払い遅れは、じわりじわりとあなたの信用を削っていきます。

　まず、紙やファイルの山の中に埋もれないように、未払いの支払い請求書は、振込が完了するまで、未決済用の箱を用意して、そこにまとめて入れておきましょう。

　支払いが終わった請求書は、支払った月ごとにまとめて、バインダーに綴じましょう。取引先が複数ある場合は、振り込んだ相手の一覧表を、手書きのメモでもいいのでいっしょに入れておくと、あとで確認がとてもラクになります。

カード会社から送られてくる明細に領収書を留めてバインダーへ

　カード会社から毎月送られてくる明細も、売上請求書と同じように、明細にパンチで穴を空けて、バインダーに綴じておきましょう。

　領収書を保存するときに現金と別に作ったクレジットカードの領収書（レシート）の束は、明細にホッチキスで留めておくと、あとで確認がラ

クになります。

　筆者（山田）の場合は、クレジットカードの領収書の分量がかなり多いので、バインダーにまとめた明細といっしょにするのではなく、現金払いで利用した領収書といっしょに茶封筒に突っ込んでいます。このあたりの管理は、臨機応変に！

預金通帳は表紙に「年度」と「番号」を記載して封筒へ

　預金口座での取引が多いと、毎年預金通帳がいくつもできてきます。通帳がいっぱいになったら、表紙に年度と通帳の番号（No.）を記載して、封筒に入れておきましょう。1年で複数通帳ができてしまう場合は、1年ごとに茶封筒に入れて保存してください。

　ジャパンネット銀行など、ネットバンクをメインに取引している場合は、通帳が発行されないので、毎月1回、利用明細をパソコンにダウンロードして保存しましょう。「ジャパンネット銀行では、閲覧できるのは過去5年まで」といったように、期限が決まっています。めんどうでも、保存しておくことをおすすめします。

　その際、パソコンが壊れてしまうと、データがなくなってしまう可能性もあります。心配ならば、印刷したものを、バインダーなどでまとめておくと安心でしょう。

紙で残すのがイヤなら電子保存も

　電子帳簿保存法により、一定の書類はスキャナーで取り込んだ電子版で保存しておいても大丈夫です。「少しでも紙を減らしたい！」と思うならば、検討してみてください。

　電子保存ができる書類は以下になります。

- 契約書、領収書（3万円未満）
- 契約の申込書
- 請求書
- 納品書
- 送り状
- 検収書
- 見積書
- 注文書

　これらをスキャンするときに、電子署名とタイムスタンプを入れて保存してください。

　一方で、3万円以上の契約書や領収書、帳簿、決算関係書類は、紙での保存が義務づけられているため、紙と電子が入り乱れて混乱してしまう可能性があります。スキャナーで取り込む作業も、ちょっとめんどうですよね。

　うまく管理できる自信がなければ、逆に紙を中心にしてしまったほうがラクな場合もあります。自分の好みに合わせて、保存方法をセレクトしましょう。

勘定科目は覚えるな

法律で決められた勘定科目はありません

　帳簿づけでやっかいと言わるのが、「勘定科目」を入力することです。取引ごとにどの勘定科目を入れればいいのかわからず、1年前の帳簿を見返して、どの勘定科目だったかを思い出して……というのを繰り返す——とにかくめんどくさい！

　ところがどっこい。意外にも勘定科目の入力は"ざっくり"でも問題ないのです。

　じつは、法律で定められた勘定科目というものは存在していません。科目によって使う名称が決まっているものもありますが、少々ちがってもかまわないのです。

　要するに、税務署側からみれば「課税される所得の金額が確かなように仕訳られていればいい」だけ。あまりに実態とかけ離れていなければ、どのような勘定科目でも基本的には問題ないのです。

　勘定科目・仕訳については、究極以下3点だけ守れば大丈夫です。

1 経費につけてはいけないものを突っ込んではいけない

　あたりまえのことですが、プライベートで食べた食事を会議費につけたりしたらダメです。これは勘定科目の選択以前の問題ですね。

2 まったく違う勘定科目を突っ込んだりしない

　いくら同じ「費用」に含まれるからといって、電気代などの本来「水道光熱費」に入れるべきものを「接待交際費」に入れてしまうとか、突拍子もないのはよくありません（だれも気がつかなければ、それでも案外問題ないのですが……）。

3 資産・負債・費用・収益・その他だけはまちがえない

　勘定科目は「資産」「負債」「収益」「費用」「その他」という５大項目のどれかに分類されます。くわしくは第５章で解説しますので、ご安心を。

自分が一番わかりやすい言葉を使えば OK

　ということで、勘定科目の名前については「もっとカジュアルに」「ある程度自分の好みで」選んでしまって OK です。「とにかく少しでもまちがえないようにしなくちゃ」「ほかの個人事業者や、プロの会計士の仕訳を調べて、それに合わせなきゃ」なんてプレッシャーは気にしてはいけません。コンセプトは、「勘定科目は、自分ルールでラクに」です！

　特に「費用」になる部分は本当にざっくりでかまいません。

　たとえば、携帯電話代なんかは、「費用」の中の「通信費」に入るのが一般的です。でも、「通信費」といっても、携帯から固定電話、人によっては Skype（ネット通話）の有料プラン、郵便切手代、FAX などなど……いろいろな用途が想定されますよね。

「うちの事業は、通信費っていったら大部分が携帯電話代だから、分けておきたいよね」

　と思ったら、勘定科目で「携帯電話代」というのを独自に作ってしまえばいいのです。

　同じように、パソコン、インターネット関連の支出も迷うかもしれませ

ん。ホームページのサーバ、ドメイン費用などは、何に該当するのでしょうか？　通信費？　それとも支払い手数料？

　ホームページを業者に更新してもらう費用、制作費用はどうなるのでしょうか。

　自社の宣伝用だから、「広告宣伝費」？
　それとも「ソフトウェア費」「消耗品費」？
　レンタルブログの有料プランに入ったら？

　パソコンや、WEB 上での有料課金のサービスなどでよくわからなかったり微妙なものは、全部「パソコン関連費」という勘定科目を作って、すべてそこに突っ込んでしまっても OK です。判断に迷った PC 関係の支出は、とりあえず「通信費」、もしくは「ソフトウェア費」「消耗品費」など、ある程度開き直ってざっくり既存の勘定科目に突っ込んでしまうのもアリです。
　そのくらい、仕訳は柔軟にやってしまってもいいのです。どうでしょう、とっても気がラクになりませんか？

確定申告の準備をしよう

Part
2

会計ソフトは、一生の お付き合い相手と思って選ぶ

「帳簿をつける」ってどういう意味？

さて、それでは早速「帳簿をつける」としましょう。

ちょっと待って。そもそも「帳簿をつける」って何をすればいいの？

はい、そうですね。「帳簿をつける」というのは一言でいうとあなたがこの1年間に行った「取引」を記録していくことをいいます。え？「取引」が何かわからないって？

失礼しました。「取引」について説明しましょう。

個人事業者であるあなたが行う事業活動は、以下のようにさまざまです。

・取引先にアポイントの電話をかけた。
・プレゼン用のパワーポイントを作った。
・コピーを10枚とった。
・電車に乗って営業に行った。
・得意先からのクレームに平謝りした。
・得意先の社長に会ってもらえず、1時間待たされた。

このような事業活動のうち、以下のようにお金の動きがともなうものを、「取引」といいます。

・携帯電話の電話代を払った
・パソコンを購入した
・マイクロソフト社の Office 2013を買った
・コピーのカウンター料金を支払った
・電車賃を支払った

「得意先に謝る」のは事業にとって大事な活動ではありますが、お金に換算できないので、これを「取引」とはいいません。1時間も待たされたのですから、あなたの人件費がかかっていますが、あなたは個人事業者なので、自分で自分に給料を支払うことがありません。

　取引を1年間記録していけば、青色申告に必要な帳簿を作成することができるというわけです。

いろいろある、会計ソフト…どうやって選ぶ

　この本を手にとった読者で、まさか紙で複式簿記の帳簿をガリガリ書いていこうとする人はいないでしょう。ITが当たり前の時代、パソコンソフトを使って帳簿を付けるのがあたりまえ。いろいろな形式があるなかで、Excel、インストールソフト、クラウドソフト、専門家丸投げどれが便利なのか、メリット・デメリットを教えちゃいます。費用の安い順に解説します。

Excel

1円もソフトにお金を使いたくない人におすすめ

　Windowsのパソコン利用者の大半が利用している、MicrosoftのExcel。その気になれば、Excelで青色申告用の帳簿を付けることが可能です。もちろん、最初からあなたのPCにExcelがインストールされていれば、追加費用は一切かかりません。

　さて、Excelの問題点は、ある程度、複式簿記の勉強をしないとつくれないという点、すべての取引を手入力で打ち込む、またはCSVで取りこまなくてはいけない点です。また、1行でも算式が抜けていたり、うっかり非表示のまま間違った情報が残っていたりすると、正しい計算ができないのも大きな問題点です。はっきり言ってメンドくさい！

　1円もお金をかけたくないという人、また会社の売上も取引もほとんどないので、記入する項目が少ないという方であれば選択肢としてはアリかもしれません。「Excel　複式簿記　テンプレート」などで検索すれば複式簿記に適したExcelのテンプレートを配布しているWebサイトをみつけることができます。

　世界一ラクをしたい本書の読者には、簿記の勉強や、算式の検証に時間を取られて、本業の時間が削られてしまうので、ちょっとオススメできません。

インストール型
会計ソフト

未だに利用者が多いインストール型会計ソフト

　インストール型会計ソフトとは、会計ソフトのパッケージを購入後パソコンにインストールして利用するタイプのソフトになります。現在、青色申告の帳簿をつけている個人事業者の大半は、インストール型会計ソフトを利用しています。ここでは、インストール型会計ソフトとしては、国内で圧倒的シェアを誇る「やよいの青色申告」をベースに解説していきます。

サポート不要、費用を抑えたい人におすすめ

　まず、インストール型会計ソフトは15 〜 20年の長い歴史を持っており、会計ソフトとしての機能は非常に成熟していると言えます。使いやすい、使いにくいという点を考慮しなければ、帳簿付けにおいて足りない機能は存在しないと言っていいほど、充実したソフトとなっています。利用者が多いので、インターネット上の情報も豊富です。

　ソフトの価格も、12,960円（定価）とお手軽な金額で入手できます。基本的に、毎年バージョンアップ版が発売されるのですが、あなたの事業が税制変更の影響を受けないのであれば、古いバージョンを利用し続けることも可能です。そうなると、後述のクラウド型会計ソフトよりもリーズナ

ブルと言えるでしょう。仮に、毎年バージョンアップを続けても後述のクラウド会計ソフトと同じくらいの費用で済みます。

　また、一度パソコンにインストールしてしまえば、インターネットが繋がらない環境でもサクサク動作します。クラウド型会計ソフトで起こる、インターネットの調子が悪いときに接続できない、動作が遅くなるといったストレスが起きない点は魅力的です。

すべて手入力をしなくてはいけないのと、バージョンアップが大変

　利用者も多く、ソフトとして機能も豊富なインストール型会計ソフトですが、弱点もあります。基本的には、複式簿記の知識を前提とした操作感になっているため、最低限の簿記の勉強が必要になります。

　また、後述のクラウド型会計ソフトとは異なり、仕訳はすべて手入力で行う必要があるため、作業時間がどうしても多くなります。

　さらに、ソフトの操作のサポートをしてもらうには、別途サポート料金がかかるようになっています。（2015年時点では、「やよいの青色申告」の「あんしん保守サポート」は、初年度無料、年間8,640円〜）

　帳簿情報の保存にも注意が必要です。帳簿データは、すべてあなたのPC の中に入っているため、外部のハードディスク等にバックアップを取っていないと、PC が壊れたり、盗難にあうようなことがあると、過去の会計データがすべて失われてしまいます。データのバックアップについては、有料ではありますが、先述のやよいの「やよいの青色申告」の「あんしん保守サポート」がデータのバックアップサービスも提供しています。

　最後に、インストール型ソフトは、PC を買い替えたり、Windows などの OS をバージョンアップさせると都度インストールをし直す必要があるほか、新機能を利用するためには、新しいバージョンをそのたびにインストールする必要があります。Mac を使っている人にとっては、「やよいの青色申告」をはじめとしてほとんどのインストール型ソフトが、対応していないという問題もあります。

クラウド型会計ソフト

利用者が急増中のクラウド型会計ソフト

　現在、利用者が急拡大しているのが、パソコンにインストールする必要のない、クラウド型会計ソフトです。デジタルインファクトによる調査によると、2015年5月時点で、会計ソフト利用事業者のうち、10.0％がクラウド型会計ソフトを利用するようになっています（http://digitalinfact.com/press150805/）。

　このクラウド型会計ソフトは、驚くほど帳簿作業を楽にしてくれます。今まで、インストール型のソフトを使っていた筆者（山田）は、3年ほど前からクラウド型会計ソフトに乗り換えましたが、帳簿を記帳する時間や、ミスが驚くほど減りました。

　利用者が10％というと、性能的にまだまだと思うかもしれませんが、取引額が膨大な個人事業主や、複数の事業部を持つ水準の株式会社などでない限り、十分すぎるほどの機能を誇ります。

　本書では、現在クラウド型会計ソフトで一番大きなシェアを獲得しており、機能面でも先行している「freee」を紹介します。

会計ソフトを立ち上げると、記帳作業が半分終わっている！

　freee の最大のポイントは、記帳作業の大部分が「自動的に」処理される点です。PC を開いて freee を立ち上げた時点で、記帳のめんどくさい作業の半分事情はすでに完了している状態から始まります。今までも、クレジットカードや、銀行取引のダウンロードファイル（CSV）をアップロードできるソフトはあったのですが、freee は以下の 2 点で格段に優れています。

・完全同期で情報を記帳してくれる
・一度ルールを決めた取引は、それ以降まったく同じように記録してくれる

　この変化は、家電製品に例えるなら、全自動洗濯機の登場で、洗濯板でゴシゴシ洗っていたのがボタンひとつで洗濯ができるようになったり、お米を研いでかまどでご飯を炊いていた時代から、無洗米を使って全自動炊飯ジャーで美味しいお米をだれでも炊けるようになったのに比類するインパクトです。

　freee の自動同期の最大のメリットの 1 つは、数字のミスがなくなることです。

　筆者は過去数年間、手入力で記帳をしていましたが、一番困ったのはほんの少しでも数字を間違えてしまうと辻褄が合わなくなってしまうことでした。特に、しばらく数字を間違えたことに気がつかないで記帳をすすめてしまうと、遡ってどこが入力を間違えたのか、クレジットカードの明細や、通帳とにらめっこしながら探さなくてはいけません。これだけでかんたんに30分くらい時間を奪われてしまいます。

　一方、自動読み込みであれば、少なくとも数字の辻褄が合わなくなる可能性はゼロ。これは大変ありがたいことです。

勘定科目も予測で入れてくれる

　freee では、自動で読み込んだデータの内容から、どの勘定科目が適当なのかを予測して最初から、候補を入れてくれます。

勘定科目の予測

　残念ながら、予測は完璧というわけではありません。まちがった候補が入っている場合などは、手入力で正しい勘定科目を入力する必要があります。しかし、一度設定すると、次回からはその入力を freee が記憶して、それ以降は自動で正しい勘定科目を設定してくれるようになります。

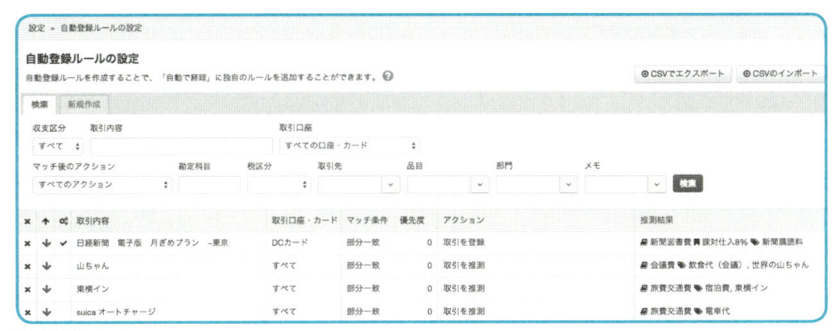

自動登録ルール

難しい会計用語は考えなくて OK

　freee の魅力は、記帳の自動部分だけに留まりません。手入力での記帳部分も大変かんたんになっています。

　まず、難しい会計用語を使っていません。借方、貸方といったような複式簿記の用語を理解しなくても、収入、支出で考えて取引を入力していけば、システムの裏側ではしっかり複式簿記に即した、決算書が作成できるようになっています。ようするに、今まで白色申告の記帳をしていた人も、freee を使ってしまえば、白色申告に必要な知識 + α 程度で十分青色申告の決算書をつくることができます。税金面でも青色申告のほうが有利なので、大きなメリットがあります。

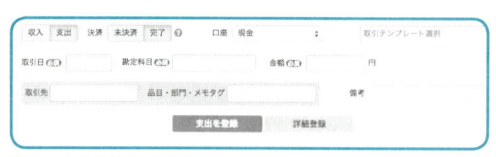

収入、支出をえらべば OK

勘定科目の説明まで！

　勘定科目の選択も、非常に直感的に選択ができるインターフェイスになっています。勘定科目の名前ではなく、「飲食費」「物品の購入」など私たちの日常に近い言葉から選択すると、その下に該当する勘定科目の候補が表示されます。おまけに、カーソルを合わせると、各勘定科目のかんたんな解説まで自動表示される親切さです。

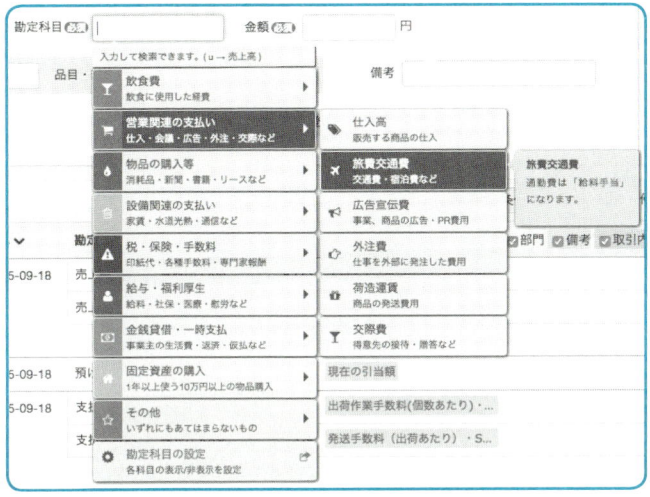

勘定科目の選択

勝手に最新バージョンにアップデートしてくれる

　今までの会計ソフトの多くは、ソフトをパソコンにインストールしないと利用できませんでした。また、ソフトがバージョンアップするたびにいちいち新たにダウンロードしたりとめんどうです。一番問題なのは、Windows のバージョンが新しくなったりすると、以前のソフトが使えなくなったりして、買い直したり、場合によっては誤動作が発生したりと、とにかく大変。パソコンが何かの理由で壊れてしまったときに、外部にバックアップをとっていないと、最悪データがなくなってしまうおそれもありました。消費税の増税などを含む、税法の変更などがあった場合も、その都度再購入や、アップデートの作業などが必要になります。

　一方 freee は、クラウドサービスなので、どのパソコンでも、ネット経由で利用できます。万が一パソコンが壊れても、新しいパソコンから同じID とパスワードでログインすれば、すぐに以前のまま利用することができます。ソフトのバージョアップも、ネットの裏側で自動で行われるので、ログインすればすでに勝手にバージョアップしたものが利用できます。最

新機能がすぐに使えるうえに、税法などの変更にも最速で対応してくれます。

Mac ユーザでも使える

今までの会計ソフトの多くは、アップル社のパソコン（Macintosh）では使えませんでした。会計ソフトを使うためだけに Windows のパソコンを持っていたり、エミュレーターを Mac にインストールしていた方には、とてもうれしいです。

スマートフォンからも帳簿がつけられる

freee はスマートフォンアプリにも対応しています。スマートフォンから記帳なんて非常識！と思うかもしれませんが、使ってみるとかなり便利。何となく手が空いたときに、ちょこちょこと経理を勧めることができてしまいます。

請求書も PDF で発行、
しかも取引先の未払いなどのチェックができる

freee では、PDF の請求書をかんたんに作ることができます。また、請求書を発行するだけで、月々の売上が集計されるので、売上帳に早変わりします。

さらに、実際に請求した内容が銀行口座に振り込まれると、自動で情報の消しこみチェックが行われます。逆に、請求期限までに入金がなかった場合は、未入金の状態を知らせてくれます。取引先ごとの未収金管理がかんたんにできるのの魅力です。

お知らせ

- ↕ 19件が登録待ち：「自動で経理」から登録をしましょう。
- ↕ 1,630,436円の 入金 が期日を過ぎています。
- ↕ 495,809円の 支払 が期日を過ぎています。

決済期日の近い取引

↑	2015-01-09	9,878円	スタジオfreee
↑	2015-01-09	9,878円	スタジオfreee
↑	2015-01-09	9,878円	スタジオfreee
↑	2015-01-09	8,783円	freee工務店
↑	2015-01-09	9,878円	スタジオfreee

もっと見る

超過のお知らせ

サポートも無料

クラウド型会計ソフト（freee）についてはサポートも、料金に含まれています。はじめて青色申告用の記帳に取り組む人にとっては、とても助かります。会計ソフトの利用料金は、月額980円のみとシンプルな価格体系です。

インストール型の会計ソフト（やよいの青色申告）を毎年買い換える金額と、大体同じくらいの金額ですが、毎年ソフトを買い換えないユーザからみると若干金額が高いといえるでしょう。

現金勘定が多い人は、恩恵が少ないかも

基本的には、メリットだらけのクラウド型の会計ソフトですが、もしあなたが、クレジットカードや、銀行の振込での取引が少なく、ほとんどが現金勘定の場合は、freee の最大のメリットである自動記帳の恩恵を受ら

れません。

　また、複式簿記に詳しくなくても使えるソフトということは、裏を返せば、複式簿記を勉強している人や、記帳を通して複式簿記を詳しく学びたい人には、使いにくさを感じて、逆にデメリットともなります。

　税理士の中には、freee を使っている事業者の手伝いを嫌う人も多く、記帳や、確定申告書の作成を税理士に手伝ってもらいたい人は、freee を利用している個人事業者を歓迎している税理士に依頼をするのがおすすめです。

freee 対応税理士検索
http://advisors.freee.co.jp/tax_accountants

税理士に丸投げコース

> お金をかけてでも楽をしたいなら、
> 税理士にお任せ！

　最後に紹介するのが、お金をかけてでも税理士に丸投げするコースです。洗濯物の例で言えば、すべて手入力が手洗い。自動洗濯機がクラウド会計ソフトだとすると、税理士に丸投げはクリーニング屋さんにお任せに近いイメージです。

　税理士にお願いする場合は2つのパターンがあります。

①年に一度、確定申告のときだけお願いする。
②月次の顧問契約を結んで、記帳だけでなく、定期的に節税や経営の相談をする。

　年に一度だけ会計事務所に領収書をドサッともって行って、税金の計算をしてもらうか、毎月、領収書を渡して記帳してもらい、どのくらい儲かっているのか（いないのか）、月次試算表をつくってもらって、節税から経営相談までを丸投げでお願いしてしまうかです。
　株式会社ともなれば、ほとんどの事業者が税理士にお願いすることになりますが、個人事業主でも、かなりの事業者が税理士をうまく活用しています。

というのも、やっぱりものすごく楽だからです。あなたも、本書に書いてあるとおりに記帳を進めていけば、かなりラクに確定申告ができますが、それでも、ところどころで悩むポイントがでてきます。こういうときに、税理士に相談できると、悩むことなく確定申告書類の提出まで到達できます。

　会計ソフトの入力から申告書の作成までお願いしてしまえば、楽なんてものではありません。毎月または年に一度、領収書を税理士事務所に送れば、確定申告までには、バッチリきれいな帳簿が完成して、確定申告はいっちょ上がり。

　税理士に、こういった業務を依頼する場合のおおよその相場ですが、売上の規模や取引の複雑さで違ってきます。まだ従業員もいないとか、売上が1000万円以下という規模なら、年に一度だけ、領収書をまとめて、会計事務所に持ち込めば十分です。その場合は、もちろん税理士にもよりますが、5万円から高くても20万円程度が相場でしょうか。

　自分がどのくらい儲かっているのか（いないのか）、リアルタイムで知りたいとか、経営や節税について、もっと税理士に相談したいという人は、顧問契約という方法が一般的です。月の顧問料は、相場としては月100件程度の仕訳で1万円程度。もっと売上が多かったり、海外と取引している・消費税の処理が面倒など内容が複雑だったりすると、もう少し高くなります。ただし規模が大きくなれば、法人化するのが普通なので、個人事業主の場合は高くても3万円程度といったところでしょうか。

節税額によっては、元がとれてしまう可能性も

　会計ソフトの金額に比べると、税理士に支払う報酬はどうしても高く感じてしまいますが、あまりにラクなので、一度利用した事業者の多くは、ずっと利用し続けていることが多いのです。事業主は心置きなく、本業に専念できるというわけです。余裕があれば、それだけの金額を払うだけの価値はあります。

しかし、専門家を利用するメリットはラクをするだけではありません。大きなメリットの１つは節税や経営に関するアドバイスです。適切な経費の使い方や、様々な節税のテクニックを指導してくれるので、それなりの年商がある個人事業主であれば、お金に換えられない安心感を得ることができます。

その他にも、たくさんの事業者とのネットワークを持っている税理士であれば、あなたの事業にあった取引先を紹介してくれることもあります。

自動経理か、記帳代行サービスの２択

とにかくラクをしたい！というのであれば、記帳作業を自動化してくれるクラウド会計ソフト（freee）か、安心して記帳を丸投げできる税理士にお願いするかの２択になります。

本書は、税理士に頼むのはちょっとハードルが高いという読者の方のために、記帳作業が劇的に楽になる、freee をおすすめします。freee のおかげで、決算書作成までの作業は、著者（山田）の体感で50倍くらい速くなっています。取引の数がたいしてない個人事業主であれば、１月の記帳はものの３分から５分くらいで完了してしまうでしょう。

最初に、事業用のクレジットカードを用意したり、オンラインバンクを開いたりといった準備は面倒ですが、一度自動で経理を体験すると、手入力の会計ソフトには戻れなくなります。

記帳代行を利用する方は、そもそもほとんど会計ソフトを触らないので、会計ソフトを選択するという考え方自体が不要です。

取引のほとんどが現金勘定という方は、freee のメリットをあまり活かせないため、インストール型の会計ソフト（やよいの青色申告）の利用も費用として検討してもよいでしょう。

会計ソフト比較表

	Excel	インストール型 会計ソフト （やよいの青色申告）	クラウド型 会計ソフト （freee）	記帳代行 （税理士事務所）
ラクラク度	× すべて手入力	△ すべて手入力	○ 自動で経理で楽々	◎ 領収書を送るだけ！
費用	◎ Excel がインストールされていれば無料	○ 12,960円 （割引でもっと安い場合も）	○ 月々 980円	△ 1ヶ月5,000円〜
サポート	× なし	△ 初年度無料 （2年目から年間8,640円〜）	○ 月々の費用に含まれる	○ 費用に含まれる

まずは基本と流れを
おさえておこう

申告の期限とタイムスケジュールを
把握しておこう

　めんどうそうな帳簿づけも、強い味方になってくれる会計ソフトが見つかって一歩前進というところ。

　さっそく、入力開始！といきたいところですが、ちょっと待って。その前に確定申告の基本と流れについて、知っておきましょう。本書では、使い方さえ覚えれば、自動で同期ができてしまう freee を使って解説していきますが、確定申告までたどりつくためには、最低限のルールと流れをルールを知っておかないと、次に何をすればいいのかわからなくなるからです。（※本書で紹介するポイントは、確定申告全般に共通するものですので他の会計ソフトでも考え方は同様です）

　確定申告で気になるのは、「最低限いつまでに何をすべきか」でしょう。それでなくても、毎日の仕事が忙しく、めんどうくさい帳簿づけは、ついつい後回しになりがちです。このままだと、確定申告に間に合わないのではないか、申告期限に間に合わないと、何かおそろしいこと（第8章を参照）が起きるのでないかと、健全な小市民の皆さんは、不安な気持ちで夜も眠れなくなってしまいかねません（笑）。

　でも、ご安心ください。期中の取引を freee に同期さえしておけば、ぶっちゃけ3月に入ってからでも、十分に間に合います。しかし、以下の標準的なタイムスケジュールの例だけは把握しておきましょう。

確定申告の流れ

日々の取引（領収書を集める）

▼

日々、freeeに入力

▼

生命保険料控除などを見逃さずとっておく　9月ごろ

▼

在庫のチェック　12月31日
または年内最終日

▼

未収金や未払金をチェックして再請求をかける　1月ごろ

▼

支払調書や源泉徴収票をそろえて金額をチェック　2月上旬

▼

貸借対照表の残高・損益計算書の内容を最終チェック　2月中旬

▼

資産台帳を作成する　2月末まで

▼

青色決算書を作成する　2月末まで

▼

株式取引など他の所得を計算する　3月5日まで

▼

国民健康保険料や医療費など控除になるものを計算する　3月5日まで

▼

申告書を作成する　3月10日まで

▼

税金を納める　3月15日まで
㊟3月15日が土曜日または
日曜日の場合は次の月曜日。

＊㊟通帳からの振替納税を選択している場合は、4月20日ごろ引き落とされる。

確定申告は自分でしないといけません

確定申告とはどのようなことでしょうか？　ざっくりまとめると、

「自分で」、1月1日から12月31日までの1年間に、これこれしかじかの売上があり、○○円の利益が出ました、ついては＊＊円の税金を払います、と税務署に申告をし、税金を納める

ことです。「自分で」というところが、あなたを悩ませるポイントです。「法律で決まっているのなら、国が勝手に計算して、税金でもなんでも持ってけ～」と言いたいところですが、そうは問屋がおろしません。

「所得」と「収入」の違いって？

「わかったよ、自分で計算しなくちゃいけないなら仕方がない。でも、素人でもかんたんにできる仕組みになってるんだよね？」

いや、それがそうでもないから、話がややこしくなるのです……。

じつはある意味、個人の確定申告は、会社の決算よりも複雑かもしれません。

会社なら、すべての売上からすべての経費を差し引いて利益を計算し、その利益に税率をかけて税金の計算をすれば終わりです。ところが個人事業者の場合は、「所得」の種類ごとに売上と経費を計算して、それぞれの利益を計算しなければなりません。

「所得」とは「収入」（いくら売れたか）から「経費」をマイナスした残りのこと。「所得」イコール「利益」と覚えておいてもいいでしょう。

収入－経費＝所得（利益）

ちなみに、所得税や住民税などは、「収入」ではなく、「所得」に対して課税されます。消費税は、「所得」ではなく、「収入」に課税されます。本書でも、税金の話をするときは、「所得」と「収入」をきっちり使い分けているので、注意してくださいね。

ひとめでわかる10種類の所得

　さらにやっかいなのは、利益にかける税率や計算方法も、所得の種類によって違うことです。

　所得の種類とは、本業で儲けた利益なのか、株式売買で稼いだものなのか、家賃収入からくる所得なのか、または不動産を売って儲けたものなのか、などという違いのこと。「稼ぎかたが違う」と言いかえてもいいかもしれません。

　所得の種類は、以下の表の通り、10種類もあります。

所得の種類

1	事業所得	製造業、卸売業、小売業、サービス業その他の事業から生じる所得
2	不動産所得	土地や建物など不動産の貸付けから生じる所得
3	給与所得	勤務先から受ける給料、賞与などの所得
4	退職所得	退職を起因として勤務先などから受ける所得
5	配当所得	株式の配当、証券投資信託の収益の分配、出資金の分配などから生じる所得
6	利子所得	預貯金や公社債の利子、公社債などの収益の分配から生じる所得
7	山林所得	山林を伐採したり、立木のまま譲渡することによって生じる所得
8	譲渡所得	土地、建物、株式、ゴルフ会員権などの資産を譲渡することによって生じる所得
9	一時所得	生命保険の満期金など、営利を目的としない行為から生じる所得
10	雑所得	上記以外の少額の所得

　10種類もある所得の金額をそれぞれ計算するために、所得ごとに使用する用紙も決まっています。

　たとえば、あなたがWEBコンサルタントで、アパートも持っているとしましょう。その場合は、「青色申告決算書（一般用）」に、事業で稼いだ売上や経費の明細を記載します。アパート収入での儲けを集計する用紙は、「青色申告決算書（不動産用）」を使います。

　このように、所得を集計する用紙は、1枚とは限りません。所得の種類が多ければ多いほど、作成する計算書や決算書の枚数が増えることになるのです。

● column

どうして所得税のしくみはこんなに複雑なの？

　「所得税のしくみって、どうしてそんなことになっているの〜!?」

　それはですね、国家の税制は、時の政府の政策、とくに経済政策と密接にかかわっているからです。住宅の販売戸数を増やすために、住宅ローン減税額を増やしたり、地震対策として、地震保険料控除なるものが新しく作られたり。国民の貯蓄をできるだけ投資に回したいときは、上場株式を売却したときの税金を安くして、投資を促進するという政策もありました。最近では、高齢者の持っている貯蓄を何とか市場に放出させるために、祖父母から孫への教育資金の一括贈与という制度が新設されたばかりです。

　このように税制を利用して、国民の消費行動や経済活動を、国の望む方向に誘導するため、所得税はとても複雑なしくみになってしまったのです。

所得の種類がいくつあっても、税務署に提出する申告書はたった1枚

　あなたがしなければならないのは、会計ソフトのfreeeを使って日々の取引を「記帳」し、「事業所得」を計算すること。「記帳」とは、あなたが行うすべての事業活動を、お金という単位で記録することです。freeeに

日々の取引を登録していくと、1年の最後には、事業所得用の青色決算書が作成できるというわけです。

　もし、不動産所得など、ほかの所得があれば、会計ソフトとは別にExcelなどを使って収入と経費を集計し、不動産用の青色決算書に転記するなど、少し手間がかかります。freeeを活用する場合でも、ちょっと工夫が必要になってきます（166ページを参照）。

　所得の種類がたくさんあれば、その分だけ決算書の枚数が増えるのは説明したとおりです。たとえばあなたが、事業のかたわら株の売買をしたとすると、あなたには「事業所得」と「譲渡所得」という、2種類の所得が発生することになります。

　あなたは、freeeを使って、青色決算書を作成しますが、その際、事業所得とは別に「株式等に係る譲渡所得等の金額の計算明細書」という長い名前の書類に、株取引でいくら儲けたかを記載しなければなりません。

　そして、それぞれで集計した所得を、1枚の申告書に転記して、「結局のところ、トータルで今年あなたが払う税金がいくらになったか」を税務署に申告することになります。

　所得の種類がいくつあっても、最終的に税務署に提出する申告書は、たった1枚しかないのです。

「じゃあ、素人のオレは、どうやって税金を計算すればいいのさ⁉」

　そんな不安がおしよせてくるかもしれませんが、freeeを利用すれば比較的かんたんに申告書が作成できるので、ご安心を（224ページ参照）。

「いきなりそんなの無理だよ〜」と思ったら、確定申告時に住所地の最寄りで開催される確定申告無料相談会を利用するといいでしょう。
「税金」と聞いただけでアタマが痛くなるようでしたら、有料サービスになりますが、税の専門家である税理士に相談しましょう。節税対策なども教えてくれるので、おすすめです。特に、Macだけで完結させたいMacユーザは、Macにも対応している会計事務所を見つけることがポイントです。

お金が出ていくときの処理をマスターしよう

経費の処理をする前に確認しておきたいこと

freeeなら「入金」「出金」の2つを区別するだけ！

本来、帳簿をつけるとなると、

「5つのカテゴリー（資産・負債・収益・費用・その他）とは」
「どの取引をどのカテゴリーに登録すべきか」

など、簿記の基本知識ぐらいは理解しておかなければいけません。会計ソフトを使って、コンピュータに入力する場合も同じです。コンピュータは、手書きの帳簿と違って、日付順に並び替えてくれたり、自動的に集計してくれたりはしますが、「取引を、5つのカテゴリーのどこに仕訳するか？」という部分は、人間が考えるしかありませんでした。

しかし、会計ソフトにfreeeを選んだ場合は、すべての取引を、「入金」か「出金」か、の2つに区別するだけで入力できます。簿記の知識がなくても、だれでも使えてしまうのです。

売上や費用はいつ入力する？

　確定申告するにあたって、簿記の知識は必要ありませんが、最低限知っておかなければならない会計の原則があります。

「えー、話がちがう！　専門知識はいらないって言ったじゃないですか！（怒）」

　まー、怒らないでください。サッカーを楽しむときにも、専門的な知識は知らなくても、90分で戦うとか、オフサイドしたらダメとか、基本的なルールぐらいは知っておく必要がありますよね。

　ここで覚えることはたった1つだけ。「発生主義」というルールです。

　税金の世界で最も大切なことは、「公平」でなければならないということ。儲けた金額が同じなのに、人によって払う税金が違うとなると、そりゃ、だれでも怒りたくなりますよね。

　ポイントは、所得税が「儲け」に課税される税金だということ。つまり「いくら儲けたか」を決める基準が人によってさまざまだと、税務署が公平に課税できないという問題が発生してしまうのです。

　そこで会計の世界では、1つのルールを決めました。それは、「売上も費用も、発生したときに、認識しましょう」というものです。これを「発生主義」の原則といいます。

　それに対して、お金をもらったり、払ったときに認識することを、「現金主義」といいます。現金主義を認めてしまうと、税務署は大混乱。「今年は儲かったから、税金を減らしたいなー。どうせ来年には買う予定だから、とりあえずパソコン3台分、今年のうちに払っちゃおう」なんてことがまかり通ったら、大変です。

　そこで、「帳簿に入力するのは、現金を払ったときではなく、商品やサービスの提供を受けたときですよー」というのが、確定申告の第1のお約束なのです。要するに「発生主義」のほうがインチキがしにくいということ

ですね。

「え！　第1っていうことは、まだ第2とかあるの？」

　ふふ、それはまたあとでお教えしましょう。

▶ 3-2

経費のヒミツ、
こっそり教えます

どこまでなら経費にしてもいいの？

「発生主義」という、税務署の小むずかしい考え方がわかったところで、次はいよいよお金を払ったときの処理を見ていきましょう。

あなたがいちばん気になること、それはズバリ

「どこまでなら経費にしてもいいの？」

という1点ではないでしょうか。

筆者が多くの方の確定申告を見ていて感じることは、「経費にしてはいけないものを経費にしている割には、経費にできるものが経費に入っていない！」ということです。

確定申告とダイエットには共通点があります。それは、「税金と体重は、1円（グラム）でも少ないほうがいい！」ということ。経費にできるものなら、100円の領収書でも入力したいのが人情というものです。けれど、経費にできないものを経費に入れてしまうと、あとで税務署がやってきて、痛いダメ出しをされてしまいます（第7章を参照）。

一方で、どうみても経費にできる費用を経費にしていない人も、じつは結構います。たとえば、自宅で仕事をしている個人事業者は、自宅マンションの管理費なども経費に入れることができるのをご存じですか。もちろん

全額というわけにはいきませんが。

　え、どうやって、自宅の管理費の一部を経費にできるのかって？

　はい、それは67ページでくわしく説明するので、少しお待ちくださいね。

　まずは「経費にできるものとできないもの」について説明させてください。じつは

「個人事業者が使ったお金は、すべて経費にすることができる」のです。

「は⁉　そんなの税務署が認めるわけがないじゃないですか。マジメに答えてください！　（怒）」

　いやいや、マジメな話なんです。

　なぜなら、個人事業者であるあなたの生活は、どこからどこまでが事業活動なのか、プライベートな生活なのか、だれにもわからないからです。独立・起業すると、サラリーマン時代と違って、「９時から18時まで働けばお給料がもらえる」というわけにはいきません。土曜日も日曜日も関係なく、来る日も来る日も夜中まで働いて、自腹で支払いをして、手元に残るのはわずかばかり、というのが、ほとんどの個人事業者の実態ではないでしょうか。かく言う筆者（原）も、この原稿を、日曜日の午後10時に書いているところです（汗）。

　昔、「24時間働けますか？」というCMがありましたが、まさに１年365日・24時間働いて稼ぐのが、個人事業者というもの。ならば、「１年365日・24時間、使ったお金のすべてが経費になって何がおかしい！」という理屈になります。

　しか〜し、これはもちろん、極論です。普通、24時間、１分も休まず、仕事をしているなんてことはありえませんよね。あなたはロボットではないので、24時間働き続けることはできないからです。食事をしたり、睡眠をとったり、生きるための活動も必要だし、恋をしたり、家族と過ごしたり、生活を楽しむための時間も必要です。当然ですが、あなたがプライベートライフのために使った支払を、確定申告の経費にすることはできませ

ん。

　では、プライベートと個人事業者としてのあなたは、いったいどこで線引きされるのでしょうか？

　答えは、またまた怒られそうですが、「明確な線引きはできません」。

　正確にいうなら、確定申告の後、3年から5年たってから、税務署の調査官がやってきて、あなたの行動をプライベートとビジネスに線引きするのは、不可能なのです。会社をやめて、自分で事業をおこしたあなたの仕事は、会社員のように、単純に時間で区切ることなどできませんよね。午前中だけ働いて、午後は子供とプールに行き、また夕方から夜中まで働いたかもしれません。1日の時間を自分の自由に使えるのが、起業した個人事業者の特権です。

　または取引先でもある大学時代の友人とゴルフに行ったとします。友人とのゴルフを楽しんだのか、新規ビジネスを受注するためにゴルフに誘ったのか、あなた自身すら区別できないこともあるでしょう。それが、会社組織と個人事業者の大きな違いなのです。

> ## 支払を経費にできるかを
> ## 判断するたった1つの基準

「じゃあ、結局、どこまでを経費に入れるかの判断基準はないということですか？　それじゃ、この本を買った意味がないじゃないですか！（怒）」

　とまた怒らせてしまいそうですが、ご安心ください。この本のテーマは、「いかにラクして確定申告するか」。そこで、いちばんラクできる判断基準をお教えしましょう。

　ある領収書を経費にできるか、できないかの判断基準は、

「その支払が、売上に貢献しているかどうか？」

　の1点で決まります。

その支出がどんなに突拍子もなくても、金額が大きくても、売上に結びつくものなら、立派な経費です。逆にいえば、売上に貢献していなければ、1円も経費としては認められません。もちろん、「売上をあげるために努力したけれど、結果的にダメだった」というケースなら、それも立派な経費です。

　そしてここからが肝心な話なので、よく聞いてください。来たるべき税務調査の場で、売上との関連性を調査官に説明するのは、あなた自身。調査官に対して、「使ったお金は、売上をあげるための事業活動の一環なんだ」と合理的に説明できるなら、堂々とその領収書を経費にすればいいのです。

「家事按分割合」でプライベートでの支出の一部を経費に

　先ほど説明したように、プライベート生活とビジネス生活を切り離せないのが、個人事業者の特徴。自宅兼事務所のうち、何平米を事務所として使っているのか、プライベートの生活空間として使っているのか、明確に区別できる人はいないでしょう。あなたは、夕食が終われば、テーブルに書類を広げてデスクワークを始めるに違いありません。

　そんな実情をふまえて、確定申告では支払った金額のうち、「事業用に使った割合」をかけて、経費にすることができます。この割合のことを「家事按分割合」といいます。家事按分割合は、非常に便利な考え方なので、ぜひ覚えてくださいね。

　家事按分割合を使うとき、勘定科目の本を見ると、「店主貸」や「店主借」という言葉に出会うかもしれませんが、freee では「事業主借」と「事業主貸」という言葉を使います（くわしくは151ページを参照）。もちろん、これらひとつひとつの言葉の違いを覚える必要はまったくありません。どちらでも好きなほうを、勝手に決めて使ってください。

　たとえば、自宅兼事務所の家賃20万円のうち、6割を事業用に、4割を住居用に使っているとします。家賃は銀行から自動引き落としになってい

るので、次のような処理になります。

① 家賃20万円が自動的に freee に同期される。
② いったん全額を事業用として記録する。
③ 年度末（決算時）に、4割が「事業主貸」として経費からマイナスされる。

　freee では以下のように操作してください。

① 家賃の支払の明細が freee に取り込まれたら、「自動で経理」からその明細を「地代家賃」として登録します。
② その際「自宅」などのタグを品目としてつけておきます。（方法：「タグ入力欄」に、「自宅」と記入して確定しようとするとダイアログが表示されるので、「品目」を選んで登録します。これで次回からは「自宅」と入力すると、そのタグが選べるようになります。
③ 毎月、振り込みがあるたび、上記を繰り返します。
④ 「決算」⇒「家事按分」より「新しい家事按分を登録」をクリックします。
⑤ 勘定科目に「地代家賃」、品目に「自宅」を入力して、事業用比率として「60」を登録します。
⑥ 年末の決算時に、「決算」⇒「家事按分」から、「再計算」をクリックします。

「家事按分の登録」画面

「ちょっと待って。家賃20万円のうち、6割を事業用として使っているって、どうやって決めればいいんですか？」

あなただけに教えちゃいましょう。「テキトー」です。テキトー！
自宅のうち何割を仕事用に使っているかなんて、だれにも正確に計算できないですよね。そして、ここがミソなのですが、個人の確定申告は、納税義務者であるあなたが、自分で、収入と経費の金額を計算し、結果として税金がいくらになるかを計算するのが基本。つまり、あなたが「だいたい6割ぐらいかな〜」と判断したら、6割を経費に算入できるのです。

「でも、その割合が判断できないから困っているんだよね〜（再び怒り）」

ごもっともです。では、とっておきの判断基準を教えちゃいましょう。
それはズバリ、「常識」。じつは税金の世界は、ものすごく常識がモノをいうのです。たとえば家族と4人家族で暮らしているにもかかわらず、事業用9割・居住用1割なんて申告をしたら、そりゃあ、イエローカードというものです。
でも、あなたが独身で、部屋中、仕事の書類であふれていたら？　7割を事業用で申告しても、税務調査で否認されることはないでしょう。
「常識的にみて」、特に問題がなければ、経費にいれても大丈夫。個人事業者の皆さんが、できるだけ「ラクに」節税したいと思ったら、難しい税法の本は、本棚の奥にしまってしまいましょう。その代わり、処理に困ったら、常識的に考える。実際のところ、経費にできるかどうかの明確な判断基準など、存在しないのですから。
「海外旅行」という同じ取引を経費にしたとしても、山田くんは調査で否認されて、原さんの場合は認められた、なんていう事例はザラにあるのが現実。山田くんは海外と取引したことが一度もないのに、原さんには外国人のお客さまがたくさんいたりするからです。
このように、ある支出が経費になるかならないかは、業種により、個人により、状況により、まったく異なるのです。

経費に組み入れるのが おすすめの支出

　ほとんどすべての支払が経費になる可能性があることがわかりましたが、それだけでは本書の意味がありません。「経費に組み入れても問題ないのに、つい忘れてしまいがちな支出」をこっそり教えちゃいます。

「自宅マンションの管理費」を忘れずチェック

　自宅を事務所として使っている個人事業者は多いと思います。賃貸で借りている場合には、家賃の一部を経費に組み入れることができます。その際、何割を経費にすべきかは悩ましいところですが、パーセンテージの決め方については前節を参考にしてください。

　つい見落としてしまいがちなのが、マンションを自己所有している場合です。管理組合に支払っている管理費のうち、一部を経費に算入するのを忘れないようにしましょう。

　もし自宅とは別に、事務所用にマンションを借りているとしたら、管理費は必ず発生します。「たまたま自宅と事務所がいっしょ」というだけの話ですから、管理費のうち、事務所として使用している割合をかけた部分が経費になるのは、当然のこと。この場合の按分割合は、自宅を賃貸しているケースと同じに考えればOKです。

　同じように、自宅にかかる固定資産税や火災保険なども、一部を経費にすることができます。屋根の補修費やペンキの塗り替えなど、家屋全体に

かかった費用のうち、事業用として使用している部分の金額は、確定申告の経費になります。この場合の経費割合は、家賃と同じにしておくのが無難でしょう。

それだけではありません。あなた自身が所有しているマンションなどの減価償却費（183ページを参照）も、事業用に使用している部分は経費にできます。さらに住宅ローンを組んでいる場合、金融機関に支払っている利息も、減価償却費と同じ割合で経費に組み入れてかまいません。ただし、50％以上を事業用として使っている場合には、いわゆる「住宅ローン控除」（168ページを参照）が受けられなくなるので、注意が必要です。

その他、自宅で使用している電気代や水道代、ガス代、電話代も、一部を経費にすることができます。ただし、これらの経費の割合は、家賃や管理費とまったく同じというわけにはいきません。もしあなたが、美容院やパン屋さんを経営しているとしたら、電気代はあきらかに店舗のほうがたくさん使っているはずですし、事務所として使用している場合は、ガス代や水道代はほとんど使っていないからです。

では、どう考えればいいのかって？

はい、世界一ラクにできる確定申告では、「常識的に」「テキトーに」考えればOKです。

「事務所として使っている割合は、だいたい５割だな」
「だけど、電気代は７割ぐらいかな〜」
「水道代は２割、ガス代は１割、電話代は８割ぐらいじゃない？」

そんな感じです。あくまで「これなら税務職員も納得するだろうな」という常識の範囲で考えることがポイントです。

家族名義の自宅を事務所にしている場合

家族名義で自宅を借りている場合や、家族名義の自宅で仕事をしている

場合、「家族名義だから、自分の経費にするなんて、無理だろう」と思って、あきらめていませんでしたか？

　経費にできるかどうかの、たった1つの判断基準を思い出してください。ズバリ、「その支出が売上に貢献しているかどうか？」でしたね。たとえ家族名義であろうと、事務所や店舗として使っている限り、その支払はあなたの確定申告の立派な経費です。

　家族が大家さんに支払っている家賃の一部も、家族名義のマンションにかかる費用の一部も、経費に組み入れてかまいません。

「うちのマンション、両親の名義で借りているから、自分で家賃を払っていないんだけど、それでも大丈夫ですか？」

　なかなかいい質問ですね。第三者から事務所や店舗を借りていれば、当然ながら家賃や管理費の支払が発生します。あなたが払うべき経費を、両親や配偶者が払ってくれているとしたら、所得税とは別に、贈与税が発生します。経費にするなら、その分の金額は、きちんと両親などに支払いましょう。

　さすがに「事業用の経費は負担しないわ、税金は払わないわ」という"えとこどり"をするわけにはいきません。「親のすねかじり」を決め込んで、お金を払わないなら、家賃などを経費に組み込むのはあきらめるしかありません。どちらを選ぶかは、もちろんあなたが決めることです。

　水道代・光熱費なども同じです。両親が払ってくれる金額のうち、経費として使用したい部分は、両親に支払う必要があります。この場合のポイントは、現金で払うのではなく、銀行などの通帳に、「見える」形で振り込むこと。「え〜、めんどくさい！」という大合唱が聞こえてきそうですが、節税のためには、少々の手間はやむをえないとあきらめてください。家庭の中で現金のやりとりがあったかどうかを税務署に証明するのは、通帳に振り込むよりも、後でよほどめんどうくさいことになるからです。

「両親が所有している事務所や店舗を借りて、家賃を払っている」という場合は、もちろんその家賃も経費になります。ただし家賃を受けとった両

親は、その家賃収入を税務署に申告しなければなりません。総合的に考えて、どちらが得か、よく考えてくださいね。

車は職種や車種によっても変わる

　プライベートにも事業用にも使っている車を経費にする方法は、自宅を事務所などに使用する場合の考え方と同じです。

　まず、車の購入価格を元に、減価償却費（183ページを参照）を計算します。そのうち、事業用として使っている割合を、経費として freee に入力すれば OK です。何割を事業用として経費にするべきかは、もうおわかりですね。「常識的に」そして「テキトーに」決めてかまいません。「常識」は、あなたの職種にもよりますし、車種によっても、変わります。フェアレディ Z のようなスポーツタイプの車や 2 ドアの遊び車だと、実際にその車に乗って取引先を回っているとしても、3 割とか 4 割しか認められない可能性が高いと思ってください。「子供が 3 人いて、ファミリータイプのキャンピングカーに乗っている」というケースだと、せいぜい 5 割ぐらいが限界でしょうか。やはり BMW やベンツ、フェラーリなどの高級車は、調査官にもよりますが、なかなか認めてもらえないのが現実です。

　一方で、あなたが内装工事業者で、バンタイプの車に工具を積んで使用しているとしたら、その車をプライベートで使っているとしても、7 割から 8 割を経費に入れても問題ないでしょう。

　4 ドアタイプの一般的な価格のセダン車を、プライベートにも事業用にも使っている場合は、5 割から 7 割を経費にするケースが多いようです。100%事業用にしか使っていない車は100%経費にできますし、まったくプライベート用にしか使っていない車や、あなたの子どもが遊びで乗り回している車が経費にならないのは、言うまでもありませんね。

　あなたが車の所有者でない場合も同じです。たとえば、車の名義があなたの配偶者になっていても、あなたが事業で使っているなら、使っている割合に応じて、経費に組み入れることができます。

　車まわりの経費もたくさんあるので、忘れないように経費に算入しましょう。ガソリン代はもちろんのこと、駐車場代や自動車税、自動車保険、車検代さらに修理費なども、車本体と同じ使用割合で、経費に組み込むことができるのです。

冠婚葬祭は「領収書が出ないから」と あきらめていませんか？

　取引先の社長の子どもの結婚式に参列したり、社長の両親の葬儀に参列したりなど、冠婚葬祭にかかるお金もバカになりません。「大切な得意先だから」と５万円を包んでいっても、その場で「領収書をください」とはいかないのがつらいところです。経費にしたい一心で、品物を送って済ませたり、商品券を渡したりするわけにもいきません。

　もしかしたら、「領収書がないから」という理由で、経費にすることをあきらめていませんか？

　ご安心ください。確定申告の世界では、冠婚葬祭にかかわらず、領収書なんかなくても、経費に算入することができるのです。

「え〜、そうなんですか？」

　はい、ここは大事なところなので、よく聞いてくださいね。所得税の申告をするとき、「領収書の保存」は、ある支出を経費にできるかどうかの絶対必要条件ではないのです。

　もう一度、思い出してください。経費にできるかどうかの判断基準は、たった１つ、「その支払が売上に貢献しているかどうか？」でした。

　例を挙げましょう。あなたは、お花を仕入れて売っているお花屋さんです。領収書とは、「いつ、だれに、いくらで支払った」という事実を証明するものですから、本来は保存しておかなくてはならないものです。しかし税務署は、「領収書がない」という理由だけで、「仕入をした」という事実を否定することはできません。仕入という事実がなければ、お花を売る

ことはできないからです。

　ただし、領収書がなければ、あなたはだれにいくら払ったかを、別の方法で証明しなければなりません。銀行から振り込んでいれば、金額や相手先が明らかですが、現金払いの場合は大変です。領収書を大切に保存しておく理由は、「領収書があれば、取引の事実を証明することがかんたんだから」ですよね。

　最近でこそ、Suica などのプリペイドカードを利用すれば、「交通費を使った」という取引があったことがわかるようになりました。しかし、まだまだ世の中には、電車やバスに乗ったり、自動販売機でお茶を買ったりした場合など、領収書がもらえない取引はたくさんあります。そういうケースでは、自分で出金伝票などに、支払った日時と金額や目的地などを書いて保存しておけば、それを経費にすることに何の問題もありません。

　ちなみに、わざわざ「所得税の申告をするとき」と書いたのは、消費税の場合はそうはいかないからです。消費税については第6章で説明するので、ちょっとお待ちを。

　では、冠婚葬祭に参加して金一封を包んだときは、どうすればいいのでしょうか？　答えは、

「相手先の名前や金額、日時を書いた出金伝票を作成する」
「取引の事実を証明するために、招待状やお礼状をいっしょに保存しておく」

　ようにすれば OK です。

● column
「領収書さえあれば、何でも経費にできる」は大まちがい！
　もしや、「領収書さえあれば、何でも経費にできる」と思ってやしませんか？
　どんなに立派な領収書があっても、取引の事実が確認できなかったり、売上に関係ない支出と判断されたら、税務調査では完全に NG。「とにかく

領収書を集めておけば大丈夫」というのは単なる都市伝説なので、注意してください。

　調査の現場では、領収書よりもむしろ、請求書や納品書、発注書や見積書など、取引の明細がわかる原始記録がチェックされます。めんどうくさがらずに、これらの資料をきちんと保存しておくことが、最終的に税務調査でラクできるポイントなのです。

経費にするのは悩ましい支出、どうする？

決めるのはあなた

　次は個人事業者も税理士も税務署もみ〜んな悩む、「経費にできるかどうか微妙な取引」について見ていきましょう。

　ゴルフでいえば、ラフに入ってしまったボールというところでしょうか。フェアウェイを外してしまったので、絶対に大丈夫とはいえない。でも、ラフとはいえ、OB杭の内側だから、経費にしてもペナルティはないかもしれない、というレベルの悩みです。

　しかも、税務調査で突っ込まれた場合、これらの支出が経費として認められるかどうかは個々のケースで異なるのが、余計に悩ましいところ。認められるか否認されるかは、業種にもよるし、金額にもよるし、頻度にもよるし、状況にもよるし、そして調査官にもよるし、さらに言えば調査の時期にもよります。税務署の調査官の異動時期は、7月と決まっています。そして、異動後に行われる秋本番の税務調査と、異動前に行われる春の調査では、調査官の気合が違っているからです。

「調査で突っ込まれるのはイヤだから、最初から経費に入れなくてもいいや」

　と思うかもしれませんし、

「少しでも経費として認められる可能性があるのなら、経費に組み入れて、調査でしっかり反論する」

　と思うかもしれません。どちらを選ぶかは、結局のところ、納税者であるあなたしかいないのです。

「そんな、素人の自分が判断するなんて、無理だよ～」

　と思うかもしれませんが、あなたは会社を辞めて独立した「起業家」。起業とは、選択と決断の連続です。起業した以上、すべてのリスクは自分ひとりで引き受けなければなりません。その代わり、いちばんおいしい果実を味えるのもあなたです。

　税務職員とのやりとりなど、大口取引先とのシビアな交渉に比べたら、たいしたことではありません。リスクを取れない起業家が、ビジネスでの成功など望むべくもないのは、言うまでもないことでしょう。

家族旅行、視察も兼ねてるから経費にしたい！

　旅行に行った費用を経費にできるかどうかは、「だれと行ったか」「どこに行ったか」「何の目的で行ったか」によって、変わってきます。取引先との商談目的で出張した場合は、もちろん迷う必要はありません。経費にできるかどうか悩んでいるということは、100％仕事じゃないというひけ目があるからでしょう。

　たとえば、家族といっしょに観光旅行に出かけた場合はどうでしょう。妻は仕事のパートナーだから、「これは家族旅行ではなく、福利厚生目的の社員旅行だ」と主張できるかもしれません。「子どもはまだ小学生だから１人で留守番させるわけにはいかない。だから、子どももいっしょに連れていくのは仕方がないじゃないか」と。

しかし残念ながら、家族以外に従業員が1人もいない場合、福利厚生費は認められません。この場合は、残念ながら、経費にするのは難しいのです。

では、個人事業者であるお父さんが、商談のため北海道に行くことになったとしましょう。「あ〜、いいな、いいな、私たちも行きたいな〜」と家族も同行したらどうなるでしょうか。家族の分の旅費が、経費にならないのは仕方ないとして、お父さんの分は当然OKでしょうか？「旅行中、商談だけでなく、家族といっしょに観光もしたよ」という場合は、やはり全額を経費にするわけにはいきません。

「なんでだよ！　たしかに、午前中に仕事をして、午後から観光したかもしれないけど、そもそも仕事の用がなければ、北海道にまでわざわざ行かないよ（怒）！」

気持ちはよくわかりますが、そういう場合は、自宅を事務所にしているケースと同じように、「家事按分」の考え方をしなければなりません。たとえば、「5日間の日程のうち、3日間はおもに仕事をしたけど、2日ぐらいは観光がメインだったな〜」という感じだったら、お父さんの旅費のうち5分の3だけが経費に算入できます。

freeeに支出の取引を入力する際は、以下のようにしてください。

1️⃣ 「決算」⇒「家事按分」で「新しい家事按分を登録」をクリックします。
2️⃣ 勘定科目を「旅費交通費」、品目を「北海道旅行」にします。
3️⃣ 事業利用比率を「60」で登録します。
4️⃣ 決算時に「決算」⇒「家事按分」で「再計算」をクリックします。

いずれにしても、泊まりがけの出張に出かけたときは、来たるべき税務調査に備えて、めんどうくさがらずに、以下のようにその旅行が事業目的であった証拠を残しておきましょう。

・旅先で取引先と打ち合わせをした事実があれば、相手の会社名や名刺を
　とっておく
・視察目的の場合には、視察先の写真や訪問先のパンフレット、ヒアリン
　グした内容などを、行程表といっしょに保存しておく

　たとえば「目的地がハワイ」だとか「お正月しか長期に休めない」とか、
突っ込みどころ満載の旅行の場合は、特に仕事目的だという証拠資料を
「これでもか！」というぐらい残しておかなければ、税務調査を乗りきる
のは大変です。
　旅行ではありませんが、会員制リゾートマンションの購入費用や維持費
を経費にしたい場合は、どうでしょうか？
「従業員がいれば、福利厚生用にも使えるから問題ないのでは？」と思う
かもしれませんが、個人事業者の場合はほぼ認められないと考えておくべ
きでしょう。会社の場合は、リゾートホテルの鍵を総務の担当者などが管
理し、いつだれが使用したのか、予約簿や記録を残すのが普通です。しか
し、事業主の個人名義のマンションの鍵は、たいていは奥様が管理してい
て、従業員が好きなだけ自由に使えるケースは現実的には稀だからです。

出張で豪華ホテルに宿泊、どこまで許されるの？

　では、家族同伴ではない、純粋な出張について考えてみましょう。
　純粋にビジネス目的の出張だったら、どんなに高級なホテルに泊まって
も、許されるでしょうか？　たとえば、リッツ・カールトンに泊まって、
１時間だけ打ち合わせ。せっかく世上を離れて遠くまで来たのだから、次
の日の打ち合わせまで、ホテルのプールでのんびり過ごしたという場合、
宿泊費の全額を経費にできるでしょうか？
　ビジネスをした事実があれば、高級ホテルに泊まったからといって、そ
れだけで否認されることはありません。ただし、66ページでも説明しまし
たが、税務署は「常識」が大好き。ここはやはり、「リッツ・カールトン

に泊まる理由」が必要でしょう。たとえば、以下のようなものです。

・取引先に最も近いホテルだった
・駅に近くて便利
・ほかのホテルがいっぱいで予約がとれなかった
・取引先の社長がセレブなので、リッツ・カールトンに宿泊する必要が
　あった

　繰り返しになりますが、所得税は「自己申告」。ある支出が経費になる
かどうかの判断基準は、「リッツ・カールトンの宿泊費が、売上に貢献し
ているかどうか？」にかかっています。そして、それを判断できるのは、
納税者であるあなたしかいないのです。
　では、宿泊費といっしょに支払った食事代や、マッサージ代、プール利
用代金も経費に入れることができるでしょうか？
　出張先での食事代は、経費に算入してもかまいません。出張しなければ、
発生しない経費だからです。
　しかし、マッサージ代やプール利用代金まで経費にするわけにはいきま
せん。何度も言いますが、やりすぎは禁物です。食事代がOKだからといっ
て、毎晩10万円のフルコースを食べていれば、やはりこれも否認されてし
まう可能性が高いでしょう。
　経費に入れられるかどうかの判断基準は、「常識の範囲内」ということ
を忘れないようにしてください。

1人の食事代、経費にしても大丈夫？

　経費になる飲食費は、次の3つのパターンが考えられます。

・食事をしながらの「会議費」
・取引先や事業の関係者を接待するための「交際費」

・従業員慰安のための「福利厚生費」

　飲食費をどこまで経費に組み込むかは、個人事業者に関わらず、会社組織でも頭を悩ませる、微妙な問題です。

「会議」と称して飲んでいるだけの場合は会議費にはなりませんし、事業と関係のない人を接待しても「交際費」にはなりません。「福利厚生」というからには、あくまで従業員が対象の場合だけです。

　飲食代が売上に貢献するかどうかは、議論の分かれるところでしょう。我が国には、「接待・交際の場で仕事を受注する」という文化があるので、税務署も認めざるを得ない側面もあります。会計の専門である会社の経理担当者でさえ、どこまで経費にできるか悩むぐらいなので、個人事業者の場合はさらに、難しい判断が必要になります。

　会社の場合は、会社が行う活動はすべて「事業を営むための経済活動」として認められます。しかし、個人事業者の場合はそうもいきません。まず、食事をしないと生きていけません。家庭生活も営むし、恋もすれば、友達と羽目を外すこともあります。「今は取引があるわけではないけれど、これからお客様になってくれそうな人」と食事するケースもあるでしょう。同窓会で再会した友人が、いつお客様になってくれるとも限りません。個人事業者の場合、友人とのプライベートな食事なのか、ビジネス上の接待なのか、明確に線引きをすることはほぼ不可能なのです。

　そんなときは、64ページでも説明した、「店主貸」や「事業主貸」など（これらを「事業主勘定」といいます）に登場してもらいましょう。どれを使ってもかまいません。あなたが覚えやすい言葉を選べばOKです。

　処理としてはまず、いったん支払った金額の全額を、交際費や会議費として入力します。それから、2割とか3割とか、プライベート部分の割合を決めてfreeeに登録しておけば、事業用部分とプライベート部分に按分することができます。

　たとえば7割を経費にする交際費の場合は、以下のようにします。

① 按分を行う「交際費」の取引の品目を設定します。

※7割を経費にする交際費の場合は「交際費70」とするとわかりやすいでしょう。

② 「決算」⇒「家事按分」をクリックします。

③ 「新しい家事按分を登録」ボタンをクリックします。

④ 「勘定科目」で「交際費」、「品目」で該当するタグ（今回は「交際費70」）を選択します。

⑤ 事業利用比率を70%として、「保存」をクリックします。

⑥ 家事按分の一覧画面で「再計算」をクリックします。

家事按分の設定

　ところで、「1人分の食事代を経費に入れられるか」は悩ましいところでしょう。1人分の領収書は、「単にランチや晩御飯を食べただけではないか?」と思われがちだからです。しかし、対等なパートナーと打ち合わせをしながら食事するとなると、「自分の分は自分で払うのがあたりまえ」だったりします。

　その場合は、めんどうがらずに、領収書やレシートの裏面に「だれと食事をしたか」をその都度メモしておきましょう。メモをするのは10秒で済みます。このちょっとしたメモが、あとの税務調査であなたの時間と精神的負担をとてつもなくラクにしてくれること、請け合いです。

● column

なぜ、支払った全額を入力してからプライベート部分をマイナスするのか

「いちいち、事業主勘定に振り替えるのって、めんどくさくないですか？
　もっとラクな方法ないの？」

　たしかに普通の会計ソフトなら、その都度プライベート部分と事業部分に振替仕訳をしなければならないので、大変です。freee には、按分割合を決めたら、決算時にまとめて決めた割合で経費と事業主勘定に振り替えてくれる機能があるので、とてもラクちんですが。

　このように、いったん支払った全額を入力して、そこからプライベート部分の金額をマイナスするのは、そのほうが税務調査でラクできるからです。

　たとえば、年に20回ゴルフに行った例で考えてみましょう。そのうち、15回が取引先の接待、5回が友人との遊びだったとします。

　経費に計上できるのは、15回分のゴルフ代だけなので、その分の金額だけを経費として入力したとしましょう。

　3年後にやってきた調査官には、「友人と出かけた5回分の支出を計上しなかった」という事実がわかりません。するとたいていの調査官は、こう考えます。

「1年の間に、ゴルフに出かけたのが15回で、その15回の中にプライベート部分が含まれているのではないか？」

　あなたとしても、経費に計上していない5回分の領収書を保存している可能性は限りなくゼロに近いでしょう。

　するとどうなるか。あなたは、5回分のゴルフ代については、最初から経費として入力しなかったことを調査官に主張するため、余計な時間と手間をかける羽目になってしまうのです。

　そこで、20回分のゴルフ代全額をいったん、経費として計上し、あとで25％をプライベート分としてマイナスするほうが、ラクちんなのです。

打ち合わせ用のスーツ、経費にできないの？

　ビジネスマンの制服ともいえるスーツが経費になるかどうかは、いろいろな書籍やネットでも話題になっています。特に平成25年から、スーツがサラリーマンの必要経費（給与所得者の特定支出控除）として認められることになったので、個人事業者としても俄然、期待が膨らみます。

　しかし残念なことに、個人事業者のあなたが仕事用のスーツやネクタイを経費にするのは、ほぼ難しいでしょう。サラリーマンがスーツを必要経費にするためには、会社の社内規程でスーツ着用が義務づけられていたり、慣行としてスーツ着用が暗黙のルールになったりしている状況が必要だからです。さらに、必要経費にするための「証明書」を会社からもらわなければならないという、高いハードルが待っているのです。

　もちろん、外資系など服装が自由な会社で着るポロシャツやコットンパンツなどは、仕事着として買ったものだとしても、必要経費として認められません。これらの洋服は、仕事以外でも普段着として使うことができるからです。

　このように規制の多いサラリーマンと比べて、業務上、スーツ着用を強制される個人事業者はいないので、「スーツ代は経費だ」と主張することは難しいのです。

「いや、オレは弁護士だから、クライアントと打ち合わせするのにスーツはマストアイテムなんだ」

　そう言っても、世の中にはジーパン弁護士なども存在しており、売上とスーツの因果関係を証明することはかんたんではありません。

　さて、賢明なあなたは、気がついたでしょうか。ここまでの間に、2つほどキーワードをちりばめてみました。それは

「仕事以外でも使えるか」

「業務上、必要か」

　です。たとえば、葬儀社を営む事業者が着用する喪服や数珠は、まさに業務上、必要に迫られて購入したものなので、経費として認められる可能性は高いでしょう。または、タレントがテレビや舞台で着るために購入したドレスも、経費にして差し支えありません。

　ただし、もう1つのキーワード、「仕事以外でも使えるかどうか」についての検討も必要です。

　演歌歌手のようなド派手な衣装は、まず日常生活では着られないので、全額を経費にしても問題はありません。一方で、サザンオールスターズの桑田佳祐さんのように、Tシャツにジーンズという普段使いの服装をしているアーティストだと、プライベートで使用する部分があると解釈されてしまう可能性が高いというわけです。

「プライベートでも使うって、また例のあれを使うんですか？」

　そうです、ここでも「家事按分割合」を使います。

　まず、いったん支払った洋服代の全額を、「消耗品費」「衣装代」「美粧費」などという科目に入力します。あ、くどいようですが、勘定科目は何を使ってもいいですからね。

　それから、2割とか3割とか、プライベート部分の割合を決めて、freee に登録すれば、事業用部分とプライベート部分に按分することができるというわけです。

　この考え方は、いろいろな経費で応用することができます。「ホステスさんが、出勤前に行く美容院代」や「セミナー講師がセミナー当日、髪を綺麗にブローしてもらうための費用」は、もちろん経費になります。しかしモデルや女優さんが、美しさを保つためにエステに通うのは、かなり微妙でしょう。職業柄、美しさを保つのは必要ですが、「どこまで必要か」の線引きが難しいからです。

　当たり前ですが、美容院代が経費になるのは、「美しさ」が求められる

職業だからです。保険ウーマンが「私は美貌をウリに仕事をとっているんです」と主張すれば、エステ代や化粧品を経費に算入できるでしょうか？残念ながら、保険ウーマンの場合は、「常識的に」見て、美と売上の相関関係はなかなか認められないので、経費にすることは難しいでしょう。

「映画鑑賞は趣味じゃないよ、マーケティングだよ！」ってOK？

　経費に入れたいけど、なかなか一筋縄ではいかない経費に、「趣味にまつわる支出」があります。もちろん、趣味のために使ったお金が経費になるわけはありませんが、それが仕事にも結び付いている場合、悩ましいことになります。いくつかの例を見てみましょう。

パソコンとかネットの代金は？

　今どき業務でパソコンを使わない個人事業者は、ほとんどいないでしょう。パソコンを使えば、何でもできます。クライアントとのメールのやりとりや、取引先の情報収集、企画書の作成だけでなく、ゲームをしたり、音楽をダウンロードしたりと、使い方はさまざまです。

　事務所の机の上においてあるデスクトップのパソコンなら、まだ「業務用」と断言できるかもしれません。しかし、ノートパソコンやタブレット、スマートフォンなどは、もはや業務用に使っているのか、プライベートに使っているのか、使っている本人でさえわからないかもしれません。また、プロバイダーの契約や、プリンタのトナー代、サーバのレンタル料など、パソコンにまつわる経費もたくさんあります。

　これらにかかる支出を、すべて経費に算入することはできるのでしょうか？

　これらITまわりのハードやソフトも、厳密にいえば飲食と同じで、事業用部分とプライベートユース部分に按分しなければなりません。しかし筆者（原）の経験では、事業用に購入され、使用されているIT機器が、税務調査で否認されたことはありません。理由としては、車と違って、こ

れらのハードウェアやソフトウェアの値段が小さいからでしょう。

　ただし、拡大解釈は禁物です。ここで例に挙げた IT 機器は、そもそも「当初から、事業用に購入したもの」という前提の話ですからね。くどいようですが、プライベート用に購入したパソコンが経費にならないのは、当然です。

ビデオ、カメラ、本、DVD なんかは？

　それでは、ビデオやカメラなどを購入したお金を経費にすることは可能でしょうか？

　これらは、業種によって異なります。

　あなたがカメラマンだったら、カメラやビデオ機材は経費になる可能性が高いでしょう。カメラ好きなあなたですから、そのカメラを使って趣味として撮影をすることもあるでしょうが、税務署もそこまでは目くじらをたてることはありません。しかし、あなたが WEB コンサルタントだったら、業務で購入したという合理的な説明がきちんとできない限り、これらを経費するにするのは、難しいでしょう。

　本や DVD を買ったり、自宅で新聞を購入したりしている場合も同じです。あなたが WEB コンサルだったら、Suica で買った「少年ジャンプ」を経費にする理由が見つかりません。しかし、もしあなたが漫画家だったら、「ほかの作品を研究するために買った」ということで、必要経費になる可能性が高いでしょう。

セミナー、レッスン代は？

　最近はやりの、自己啓発セミナーや英会話のレッスンの費用はどうでしょうか？

　はい、経費にする判断基準を思い出してください。「売上に貢献しているかを、常識的に説明できるか？」でしたね。あなたが「話し方教室」の研修をうけることで売上とどのように結びつくのか、英会話が業務上なぜ必要なのかを説明できるかどうかがポイントです。

　あなたが、売上をあげるために、見込客を集めて、セミナーを開催する

のであれば、「話し方教室」は、全額を経費にすることができます。しかし、単に「個人のスキルを上げたい」という理由では、経費に入れることは難しいでしょう。

「将来の海外取引に備えて英語を勉強したい」といっても、1件も海外との取引が発生しなかったら、英会話学校の授業料を経費にすることはできません。税務調査では「英語はあなたの趣味でしょう」と言われてしまいます。趣味が経費にならないのは、言うまでもありません。

そういう場合は、海外の見込み客情報をきちんと保存しておき、例の「事業主貸」という項目を使って、事業用とプライベート用に分けて、家事按分しておいてください。

「事業との関連性があるか？」「金額は少額か？」などを「常識的に」考慮することが、世界一ラクする節税対策なのです。

● column
「少額不徴収」と「重要性の原則」を知っておこう

税務署の調査には、「修正すべき金額が小さければ、まあ見逃してあげよう」という考え方があります。これを「少額不徴収」といいます。たとえば、月々2,000円のプロバイダー料金を、プライベートで1割ぐらい使ったとしても、家事消費部分はわずか200円。10%が適正なのか、15%が適正なのか、納税者がパソコンを操作している時間のうち何割をプライベートで使っているのか、適正に計算するのはものすごい時間がかかりますし、厳密に分けたとしても課税所得は100円しか違いません。税務調査を効率的にこなして、「巨悪」からきちんと徴収するのが、調査官の本来の仕事。そして調査官も人の子です。「まじめに申告している納税者にそこまで細かいことを言っても、税務行政に対して反感を買うだけだ」とわかっているのでしょう。

同じように、会計の世界にも、「重要性の原則」というものがあります。たとえば、電気代などは請求がきた翌月に支払うので、12月にはまだ払っていないけれど、決算時には「未払費用」という項目を使って、今年の経

費に算入します（第6章を参照）。

　ところがめんどうくさいことに、なぜか電気代や電話代の請求書は、月末締めになっていません。たとえば、12月10日〜31日までと、1月1日から9日までのように、分かれて計算されているのが普通です。そのため、厳密にいえば、1月分の請求書の中から12月分の数字を拾って、今年の経費に組み込まなければ、今年度の正しい利益を計算することができません。

「そんな〜、めんどくさい!!」

　ですよね。というわけで、数千円程度の小さな数字の場合は、12月分の請求書は12月の経費に、1月分の請求書は1月の経費にしても、だれにも文句を言われる筋合いはないというわけです。

さすがに経費に
できない支出

経費にできない支出は3種類

　ここでは、「さすがにそこまで経費に入れるのは"常識的に"認められないよ」という支出を見ていきましょう。経費にならなくても大切な支出があるので、要注意です！

　経費にできない支出は、次の3つに分けられます。

・決算書を作成するとき、事業用の経費にはならないけれど、あとで税金の計算をするときに所得から控除できるので、その分だけ税金が安くなるもの（確定申告の流れについては、52ページを参照）

・決算書を作成するとき、事業用の経費としては認められないけれど、ほかの収入の経費になる可能性があるので、領収書やその他の書類は捨てずに保存しておいたほうがいいもの

・決算書を作成するときも、事業用の経費としては認められないし、あとで税金の計算をするときも、「控除」として使えないので、諦めるしかないもの

　順番に見ていきましょう。

税金の計算をするときに控除できるもの

　1年間の支払の中には、事業用の経費ではないけれど、申告書を作るときに、所得からの控除項目として、政策的に認められているものがあります。

　どんなものがあるかって？

　おなじみなのは医療費控除。風邪をひいて病院にいったり、薬局で薬を処方してもらった場合は、領収書を捨てずにためておきましょう。

　これらの薬代などは、売上に貢献する経費ではなく、自然人としてのあなたが、健康に生命を維持していくための支出です。そのため、事業用の経費とは認められませんが、1年間に10万円以上（または総所得の5％）の医療費がたまったら、税金の計算をするとき、所得からその金額をマイナスすることができるのです（くわしくは第7章を参照）。なお、病院に行かなくても、風邪薬などの市販薬を薬局で購入した場合も、医療費控除の対象になります。

　ところで、同じ医療費でも、「従業員のための常備薬として薬を購入した」という場合は、従業員のための福利厚生ですから、医療費控除ではなく事業用の経費として入力することになります。このように、経費になるかならないかは、ケースバイケースなので、やっかいですね。

・自分や家族のために、薬を買った場合　⇒　医療費控除
・従業員のために、薬を買った場合　⇒　福利厚生費として経費に算入

　あと、流行のサプリメントは「薬」ではないので、医療費控除の対象にはなりません。

　「え～、だって、あのサプリ飲まないと疲れがとれないから、仕事ができないし……」

いえ、残念ながら、「常識的な」税務署は、サプリメントと売上の対応関係を認めてはくれません。サプリメントは3番目の、「諦めるしかない経費」に分類されるものです。

世界一ラクに医療費控除をするには

　ちなみに、「世界一ラクにできる医療費控除」の方法は、次のとおりです。

① お正月休みの間に、医療費控除用の缶か、引き出しを用意します。
② 1年の間、病院に行ったり、薬を買ったら、そこに領収書をポンポン放り込んでおきます。
③ お正月休みの間に、たまった領収書をとり出して合計します。
④ 空いた缶は、新しい年の医療費の領収書入れとして使います。

　国民健康保険料や国民年金、または国民年金基金などは、「社会保険料控除」という所得控除の対象になります。医療費と同じように、缶や引き出しを決めて、1年分の納付書を保存しておきましょう。

銀行引き落としを活用しよう

　もっとラクをしたければ、銀行引き落としの手続きをおすすめします。事業用の経費にはなりませんが、第1章で作った支払用の銀行口座から自動引き落としにしておけば、1年分の集計がかんたんにできます。
　どうやって、経費と区別するのか？
　もうおわかりかもしれませんが、家事按分の考え方を使います。これらは100％プライベートな支出なので、最初から「事業主貸」として登録しておけばOKです。

【現金で支払った場合】
① 「取引」⇒「取引を登録」をクリックします。
② 「支出」をクリックし、「決済」で「完了」を選択します。

③ 口座で「現金」を選択し、勘定科目に「事業主貸」を選択して、登録します。

　※「タグ入力欄」に品目として「国民健康保険料」「国民年金」と入れておくと集計に便利です。

【銀行口座から引き落としの場合】（明細を取り込んでいるとき）

① 「自動で経理」から該当する明細で、勘定科目に「事業主貸」を選択します。

② 必要に応じ、「タグ入力欄」と「備考」を登録します。

　※「タグ入力欄」に、品目タグとして「国民健康保険料」「国民年金」と入れておくと集計に便利です。

現金支払処理

　このとき、freee のタグ機能をしっかり活用しましょう。品目を使えば、1年分の「国民健康保険料」や「国民年金」の金額が、それぞれ自動的に集計できます。そうすれば、申告書を作成するときに、集計した数字を転記するだけなので、申告書の作成がグッとラクになります。

⓪ 「自動で経理」や「取引を登録」ではじめて使うタグの場合、「タグ入力欄」に、使いたい言葉を入力します。

① 表示される一覧にタグが表示されれば、クリックします。

　一覧にあてはまるものがなければ「新規追加」をクリックします。

② ダイアログが表示されたら、タグの種類で「品目」を選択して登録します。

　※品目は1つのみ入力できます。

③ 「取引の編集」や「自動で経理」の詳細編集にて　品目の欄から、①の

場合と同様に入力できます。

※品目は、各内訳行に１つのみ設定できます。

品目の入力

「事業用の通帳を使ってはいけない」ものとは

　その他、税金の計算時に控除することができる代表的なものに、生命保険料や介護保険料、また地震保険料や10年以上の長期火災保険の支払などがあります。これらは「生命保険料控除」または「地震保険料控除」と言われるものです。

　これらの支払は通帳から引き落とされるのが一般的。ポイントは、これらの保険料は、国民健康保険料などと違って、「事業用の通帳を使うのは、やめたほうがいい」ということです。

　「げー、どうして？　税金の控除になるのに？」

　それは、社会保険料控除は、実際に支払った金額が控除の対象になりますが、生命保険料や地震保険料の場合は、払った全額が対象にならないからです。金額によって、または保険の種類によって、控除の限度額が決まっていて、「控除証明書」の葉書が１枚あれば、事足ります。世界一ラクに確定申告するには、９月から10月にかけて、保険会社から送られてくる「控除証明書」の葉書を捨てずに保存しておけば、十分なのです。

おもな所得控除

所得からマイナスできる項目	取引の内容
医療費	医療費を支払ったとき
社会保険料	国民健康保険の保険料を払ったとき/国民健康保険税を払ったとき/介護保険法に基づく介護保険料を支払ったとき※/国民年金基金の掛金の掛金を払ったとき
生命保険料	生命保険料を払ったとき/介護保険料（社会保険料のところの※の場合を除く）や医療保険料を払ったとき/個人年金保険料を払ったとき
地震保険料	地震保険を払ったとき/10年以上の満期返戻金のある損害保険料を払ったとき（平成18年12月31日までに締結したものに限る）
小規模企業共済等掛金控除	小規模企業共済法に基づく共済契約の掛金を払ったとき/401Kに基づく個人型年金の掛金を払ったとき
寄付金控除	国や地方公共団体、赤十字などに寄付をしたとき
雑損控除	災害や盗難、横領などで被害をうけたとき

伝家の宝刀「家事按分」

ところで確定申告には、「収入の種類ごとに、所得を計算しなければならない」というルールがあります。

では、もしあなたがWEBコンサルタントで、親から相続した木造アパートを持っている場合、どのような経理処理をすればいいのでしょうか？

その場合はまず、WEBコンサルティングの売上とそれにかかる経費を集計して、WEBコンサルティングで儲けた事業所得を計算します。

アパート収入にかかる費用は、「家賃収入」と「アパートの維持費」に分けて、別途不動産所得を計算しなければなりません。アパートにかかる固定資産税や火災保険などはWEBコンサルティングの経費にはならないので、事業用の経費とは区別して処理する必要があります。

何だか頭が痛くなってきましたね。でも安心してください。そういう場合も、伝家の宝刀「家事按分」を使えば大丈夫です。

93

社会保険料と同じように、プライベート部分が100%の支出と考えて、「事業主貸」で登録しておきましょう。

【現金で支払った場合】

① 「取引」⇒「取引を登録」をクリックします。

② 「支出」をクリックし、「決済」で「完了」を選択します。

③ 口座で「現金」を選択、勘定科目に「事業主貸」を選択して登録します。
　　※「タグ入力欄」に、メモタグとして「アパート収入の経費」などと入れておくと集計に便利です。

【銀行口座から引き落としの場合】（明細を取り込んでいるとき）

① 「自動で経理」から該当する明細で、勘定科目に「事業主貸」を選択します。

② 必要に応じ、「タグ入力欄」と「備考」を登録します。
　　※「タグ入力欄」に、メモタグとして「アパート収入の経費」などと入れておくと集計に便利です。

　こういう場合は、freeeのタグ機能の「メモタグ」を使って、アパート収入に関する売上と経費だけを検索できるようにしておけば、不動産所得用の決算書もラクラク作ることができます。

① 「自動で経理」や「取引を登録」ではじめて使うタグの場合、「タグ入力欄」に使いたい言葉を入力します。

② 表示される一覧にタグが表示されればクリックします。
　　※一覧にあてはまるものがなければ、「新規追加」をクリックします。

③ ダイアログが表示されたら、タグの種類で「メモタグ」を選択して登録します。

④ 「取引の編集」や「自動で経理」の詳細編集にて、タグ入力欄から、①の場合と同様に入力できます。

副業として、週末に株式や FX の売買をしている場合も、WEB コンサルティングにかかる経費とは別に、株式投資でいくら儲けたのか、損したのかを、計算しなければなりません。世界一ラクに確定申告をしたければ、株式や FX の取引に事業用の通帳を使わないようにしましょう。なぜなら、取引量があまりに多くなって処理がめんどうですし、これらの取引明細は証券会社や FX 会社から取引明細が届くので、基本的に自分で集計する必要がないからです。おすすめは、なんといっても「証券会社の特定口座」です。

経費算入は、諦めるしかないもの

経費に算入できないものは、2種類あります。

・「常識的にみて」経費にできないもの
・税制上の仕組みとして、経費にならないもの

　事業所得の経費にできるかどうかは、「その支払が売上に貢献しているか」で判断するのでしたね。個人的には「経費にできるはず！」と思っても、世間一般的にみて「それは無理でしょう」というものもあります。
　たとえば、前項で例に挙げたサプリメントの購入費用や、スポーツジムの会費なども、今どきありがちな「経費にできない支出」の代表例です。理由は、これらはいずれも個人的な支出であり、事業との関連性があるとは言いがたいからです。
　もちろん個人事業者のあなたにとって、体の健康は第一。サラリーマンと違って、病気をしたら、明日から収入が途絶えてしまいます。だから、健康管理に費やす費用が、経費として認められないくやしさは、同じ個人事業者である筆者（山田）には痛いほどわかります。
　ただし、何度も言いますが、経費になるかならないかは、業種や状況によって異なります。あなたがサプリメントの製造企画をしている場合は、

市場調査として他社のサプリメントを購入することもあるでしょうし、そうでなくても得意先へのプレゼントとして買った場合は、もちろん交際費になります。

その他、子育て中のママには反感を買いそうですが、保育園代やベビーシッター代も、経費にはなりません。子どもがいたら働けるはずがありませんし、子どもを預ける費用が売上に貢献していないはずはないのですが、まだまだ日本ではどうにもならない現状なのです。

またゴルファー保険や、リゾートマンションの火災保険なども、経費にはなりません。92ページの地震保険のように、税金計算時の控除にもならないので、すっぱりあきらめて、プライベート用の銀行口座から引き落とすようにしてください。

税制上の仕組みとして経費にならないもの

税制上の仕組みとして経費にならないものには、所得税と住民税があります。これらの税金は、収入から経費をマイナスした「利益」に対して課税されるものです。なので、払った税金がさらに経費になることは、絶対にありえないのです。

「税金だから経費にならないってことですか?」

いえいえ、違いますよ。税金でも、経費になる税金はちゃんとあるのです。

なんと日本には、50種類もの税金があります。しかし、個人事業者のあなたが知っておかなくてはならない税金は、次の表にまとめた13種類程度。これらの税金は、次の3つのパターンに分けて覚えておきましょう。

1 経費になる税金
2 儲けに課税される税金
3 他人から預かって納める税金

知っておくべき13種類の税金

経費になる税金	内容
印紙税	契約書や領収書など、一定の文書を作成したときにかかる
登録免許税	不動産や会社の登記、特許の取得などのときにかかる
事業税	事業を営んでいるとき、その所得金額に応じてかかる
自動車税	自動車を所有しているとかかる
固定資産税	不動産を所有しているとかかる
不動産取得税	土地や建物を取得したときにかかる
事業所税	指定都市などに所在する大規模な事務所や事業所にかかる
儲けに課税されるので経費にならない税金	内容
所得税	個人の1年間の所得にかかる国税
住民税	個人や会社の所得にかかる地方税
法人税	会社など、法人の所得にかかる
他人から預かって納める税金	内容
消費税	商品の販売やサービスの提供など、事業者が行う取引にかかる
源泉所得税	従業員などに給料を払うときに、事業者が天引きする
（従業員の）住民税	従業員に給料を払うときに、事業者が天引きする

1 経費になる税金

　印紙税や自動車税などは、電話代や交通費と同じように、事業用の経費の一部を構成するものです。freee に入力するときは、しちめんどうくさい「租税公課」という勘定科目で処理することになります。「租税公課」が気持ち悪ければ、単に「税金」という科目を使ってもかまいません。

2 儲けに課税される税金

　これには、所得税と住民税があります。会社だと、法人税がこれにあたります。事業などで儲けた金額に、一定の税率をかけて計算します。3月15日までに確定申告をして、払う税金が、まさにこの所得税や住民税です。

　これらの税金は、儲けに課税されるものなので、赤字の場合には払う必要がありません。また儲けに課税される税金なので、これらが事業用の経費になることもありません。

　ただし、1つだけ例外があります。事業税も儲けに課税される税金ですが、例外的に経費に算入できるので、覚えておきましょう。

3 他人から預かって納める税金

　あなたが従業員を雇ったときに、給料から天引きする源泉所得税（215ページを参照）や、従業員の住民税がこれにあたります。また消費税も、事業者であるあなたが消費者から預かって、国や地方自治体に納める税金です。

　これらの税金は、預り金なので、売上にも経費にもなりません。freee に入力すると、「預り金」として計上され、損益計算書ではなく、貸借対照表に表示されることになります（くわしくは第5章を参照）。

ざっくりわかる節税効果

所得が大きくなるほど税率も高くなる

　世の中に節税とダイエットに興味のない人はいないのではないでしょうか。書店にはダイエット本が花盛り。ファミリーレストランのメニューには、カロリーが書いてあるのがあたりまえ。「ケーキを１個食べたら、何キロジョギングをしなければならない」など、カロリー計算に余念がありません。

　ところが、節税が大好きな個人事業者のあなたでも、節税対策した結果、いくら税金が安くなるかについては、カロリーほどは把握できていないような気がします。

　所得税は、所得が多くなればなるほど税率が高くなる「累進課税」を採用しているので、節税効果は所得が高くなるほど、大きくなります。

　右記の表を見てください。所得が大きくなるほど、税率も高くなるのがわかります。

所得税の税率（復興特別所得税は、未考慮）

課税所得	所得税率（%）
195万円以下	5
195万円超〜330万円以下	10
330万円超〜695万円以下	20
695万円超〜900万円以下	23
900万円超〜1,800万円以下	33
1,800万円超〜4,000万円以下	40
4,000万円超	45

　これに、住民税の税率を加えてみましょう。住民税の税率は、所得税と違い、一律10%です。

住民税を加えた税率（復興特別所得税は未考慮）

課税所得	所得税率（%）	住民税を加えた税率（%）
195万円以下	5	15
195万円超〜330万円以下	10	20
330万円超〜695万円以下	20	30
695万円超〜900万円以下	23	33
900万円超〜1,800万円以下	33	43
1,800万円超〜4,000万円以下	40	50
4,000万円超	45	55

事例でわかる節税効果

　それでは所得に応じて、節税効果がどの程度あるのかを、具体的な例を挙げて計算してみましょう。

結婚して、妻が専業主婦になった

　配偶者の所得が年間38万円未満だと、配偶者控除を受けることができます。よく「妻のパート収入を103万円未満におさえないと、控除が受けられない」と言われますが、それは、給与所得控除に38万円を足すと、103万円になるからです。妻が個人事業者の場合は、「売上から経費を引いた残りの利益が、38万円未満かどうか」で判定されます。

　配偶者控除は、38万円。節税額を計算するには、38万円に所得に応じた税率をかけて計算します。たとえばあなたの所得が150万円だったら15%、500万円だったら30%をかければ、節税額が計算できるというわけです。

「税金を払うぐらいなら」と取引先を接待して10万円を使った

　以下の表の右側には、10万円の交際費を使った場合、使わなかった場合と比べて削減される税金の額を計算してあります。

10万円の交際費を使った場合、使わなかった場合

（単位：円）

課税所得	住民税を加えた税率（%）	配偶者控除（38万円）に対する節税額	10万円の交際費に対する節税額
195万円以下	15	57,000	15,000
195万円超〜330万円以下	20	76,000	20,000
330万円超〜695万円以下	30	114,000	30,000
695万円超〜900万円以下	33	125,400	33,000
900万円超〜1,800万円以下	43	163,400	43,000
1,800万円超〜4,000万円以下	50	190,000	50,000
4,000万円超	55	209,000	55,000

節税を考えるとき、忘れてはならないことがあります。それは、

「現金の支出を伴う節税対策をすると、税金は少なくなったとしても、それ以上に手元の資金が減ってしまう」

　という点です。

　左記の例でいうと、妻が専業主婦になっただけで、あなたの税金は最大20万9,000円も削減されています。この場合は、節税によって、実際に手元に残る現金が、20万9,000円ほど増えたことになります。「いや、うちの妻は、ゴルフもするし、陶芸教室にも通っているから、全然お金が残らないよ〜」という愚痴は横においておきましょう。

　ところが、右側の欄のように、税金を払いたくないからといって取引先を接待した場合は、実際に10万円がキャッシュアウトしているので、節税対策をしない場合に比べて、現金が45,000円少なくなってしまうのです。

　あなたが税金を払いたくないのは、手元のキャッシュが減るのがイヤだからのはず。「節税」という甘い言葉の響きにだまされて、不必要な買い物をしたり、浪費をしたりして、結果的に節税貧乏にならないように気をつけましょう。

● column
じつは怖い、節税のデメリット

「節税にデメリット⁉」と思うかもしれませんが、じつはあります！

　まず、節税では「どれだけたくさんのものを経費で落とすか」が基本の1つになります。ですが、そもそも経費で落とすとどのくらい節税できるか、ご存じですか？

　これは、実際にどのくらい事業の利益が出ているかにもよりけりですが、すごく大雑把に、「経費で購入した金額の20〜30％前後が節税になる」と考えてみましょう。

　まちがっても100％節税になるなんてことはありません。つまり、2万

円のプリンタを買ったら、4,000円～6,000円ぐらいお得、ということですね。

　もちろん、事業に必須で買わなくてはいけないものは、経費に付けないともったいないです。でも、経費になるからといって、無駄づかいをしたらどうなるでしょうか?

　あなたのまわりにもいませんか?　バーゲンの時期になると、「70％OFF でお得だったから!」とたくさん買物をして、いつもお金がない人。

　経費で落ちるからといって、ムダに買物をしてしまうと、そう、バーゲン貧乏のあの人と同じです。しかも、バーゲンのように70% OFF だったらまだしも、せいぜい20～30% OFF。もったいないですね。必要な物だけ経費で購入しましょう。

　あと、もう1つ。節税しすぎると、事業を大きくしようとしたときにお金が借りにくくなります。これはとても重要です。もし、あなたが銀行の担当者だったら、バリバリ黒字の人と、節税しまくって赤字だったりギリギリ黒字の人、どちらにお金を融資したくなるでしょうか?
「節税のために利益を減らしていただけで、本当は儲かっているんです!」と銀行の担当者に説明しても微妙ですよね。売上の割に、過剰に経費を使いまくる人にお金を貸すのはどうなんでしょうということになっちゃいますから。

　節税は大切ですが、「何事もほどほどに」ということですね。

よくある取引を
処理してみよう

日常よく出てくる取引を例に、freee の使い方を見ていきましょう。

通帳から電気代や電話代が引き落とされた

　銀行を登録しておくだけで、取引が自動で同期されます。freee が予測する勘定科目で OK なら、「登録」ボタンを押して終了です。

　科目を変更したい場合は、「自動で経理」から「明細」に勘定科目（水道光熱費など）をつけて「登録」しておけば、次回からは同じ科目名で自動的に登録されていきます。

取引先を接待して、カードで支払った

　カード会社を登録しておくだけで、銀行からの振込と同じように、取引が自動で同期されます。通帳と同じように、freee が予測する勘定科目で問題ない場合は、「登録」ボタンを押して終了です。

　科目を変更したい場合は、「明細」に勘定科目をつけて「登録」すれば OK です。

❶「自動で経理」より、該当する明細にて「交際費」を選びます。

② 「登録」をクリックします。

> # 喫茶店で打ち合わせをして、現金で支払った

　現金で支払った場合は、さすがの freee も自動登録というわけにはいきません。現金取引は、次のいずれかの方法で処理をします。

1 領収書を見ながら、取引の内容を1つずつ入力する

　このとき、簿記の教科書に出てくるように出金伝票を作成したりする必要はありません。出金伝票を作成して決裁印を押すのは、上場企業など、コンプライアンスを大切にする会社にとっては大切なプロセスですが、個人事業者にとってはめんどうくさいだけの作業。来たるべき税務調査にそなえて、だれと食事したとか、何を購入したかを記録しておきたいときは、領収書の裏に書き込んでおけば十分です。freee への入力はこんな風に。

① 「取引」⇒「取引を登録」をクリックします。
② 「支出」ボタンをクリックします。
③ 勘定科目に「交際費」を選択します。
④ 口座で「現金」を選択します。
⑤ 日付や金額を入力して「登録」をクリックします。

2 Excel で経費帳を作っておいて、CSV で取り込む

　現金で支払う領収書の数が多い人や、Suica などの交通系電子マネーが普及していない地域の人には、こちらの方法をおすすめします。Excel で経費帳を作って、日々の領収書を入力しておきましょう。このとき、CSV（カンマ区切り）形式で freee に取り込むことを想定して、日付や金額などの項目を次ページの図表のような順番で作成しておくと、便利です。

　Excel に入力するとき、日付の順番などはまったく気にする必要はありません。freee に取り込めば、ちゃんと日付順に並べかえてくれるからです。

CASE1

取引日	：2013/6/1
取引内容	：売上
消費税	：課税
金額	：1,000,000円
決済	：取引日に現金

収支区分	管理番号	発生日	支払期日	取引先	勘定科目	税区分	金額	税計算区分	税額	備考	品目	メモタグ	支払日	支払口座	支払金額
収入		2013/6/1			売上高	課税	1000000						2013/6/1	現金	1000000

CASE2

取引日	：2013/6/1
取引内容	：仕入
消費税	：課税
金額	：500,000円
決済	：2013/7/15に支払予定

収支区分	管理番号	発生日	支払期日	取引先	勘定科目	税区分	金額	備考	品目	メモタグ	支払日	支払口座	支払金額
支出		2013/6/1	2013/7/15		仕入高	課税	500000						

CASE3

取引日	：2013/5/31
取引内容	：保険料支払
消費税	：課税対象外
金額	：200,000円（100,000円を法定福利費、100,000円を預り金）
決済	：2013/6/10に三井住友銀行（管理名称「三井住友」）から引落

収支区分	管理番号	発生日	支払期日	取引先	勘定科目	税区分	金額	備考	品目	メモタグ	支払日	支払口座	支払金額
支出		2013/5/31			法定福利費	対象外	100000					2013/6/10	三井住友	200000
		2013/5/31			預り金	対象外	100000							

※支払情報は2行に分けることも可能

CASE4

取引日	：2013/6/30
取引内容	：資金移動
消費税	：課税対象外
金額	：1,000,000
決済	：2013/6/30に三井住友銀行から現金へ資金移動

収支区分	管理番号	発生日	支払期日	取引先	勘定科目	税区分	金額	備考	品目	メモタグ	支払日	支払口座	支払金額
振替		2013/6/30		三井住友		対象外	1000000					2013/6/30	現金	1000000

　1月分のExcelが完成したら、その都度CSV機能を使って、次の手順で、freeeに取り込みましょう。「毎月なんて、めんどくさい！」という人は、最悪、年に一度でも何とかなります。

1. 「取引」⇒「取引を登録」より、「その他の機能」（メニューリスト右上のボタン）をクリックし、「取引データのインポート」を選択します。
2. 手順にしたがって CSV ファイルをアップロードします。
3. アップロードが完了すると、ステップ3にプレビュー（確認画面）がでますので、問題がなければ「登録する」をクリックします。
4. データがインポートされます。

仕入先から請求書が届いた

　自分宛ての請求書が届いたときには、その請求情報を「未払い」の「取引」として登録しておきます。freee では、次のような処理をします。

1. 「取引」⇒「取引を登録」より「支出」ボタンをクリックします。
2. 「未決済」のボタンをクリックします。
3. 「発生日」には「請求日」を入力します。
4. 勘定科目など、必要な情報を入力して「登録」をします。
5. 「支払期日」を登録しておけば、支払期日が近いときなどに freee 上にお知らせが表示されます。

未払いの取引を登録

ちなみに、仕入代金や外注費の請求書が届いても、すぐに支払うわけではありません。まだ払っていない仕入代や外注費のことを、会計の世界では「未払金」と区別して「買掛金」といいます。

　あ、また身構えましたね。

　ご安心ください。別に、未払金と買掛金を使い分ける必要はありません。本書では、「未払金」という勘定科目を使って説明していきます。

　「税金の世界では、代金を支払ったときではなく、取引が発生したときに、経費として認識する」という発生主義の考え方は、第3章で説明したとおり。freeeでは、登録した請求書の「発生日」に取引が発生した、という考え方をしています。このとき「発生日」として入力する日付は、以下になります。

・商品が届いた日
・届いた商品を検品して、納品が完了した日

「請求書に記載されている日付」や、「請求書が届いた日」ではないので、注意してくださいね。

「わ！　めんどうだな！」と思った、そこのあなた。

　ご安心ください。期中は請求書を登録しないで、代金の支払の都度、経費として処理しても、いっこうにかまいません。税務署としては、最終的に1年間の経費の合計が正しく申告されていれば、何の問題もないからです。

　そこで期中は、「未払金」や「買掛金」の項目をいっさい使わず、現金主義で処理しておき、1年に1度、決算の処理をするときだけ、

「この請求書は1月になってから到着したから、1月の日付になっているけど、実際に品物を購入したのは12月だから、今年の経費で処理できるのか〜」

Part
3

お金が出ていくときの処理をマスターしよう

　と、経費の計上時期を気にすれば十分なのです。要するに、決算の1～2ヶ月前後の取引だけに注意を払えば OK ということですね。

　決算時の未決済の処理方法は、173ページを参考にしてください。

　現金を支払うときに費用として計上するには、実際に振り込みをして支払った際の「明細」から、「自動で経理」で登録します。

① メニューの「取引」の「取引を登録」を選択します。
② 「支出」のタブをクリックします。
③ 決済部分は「完了」を、口座は「現金」を選択します。
④ 取引日、勘定科目など、必要な情報を入力して「登録」します。

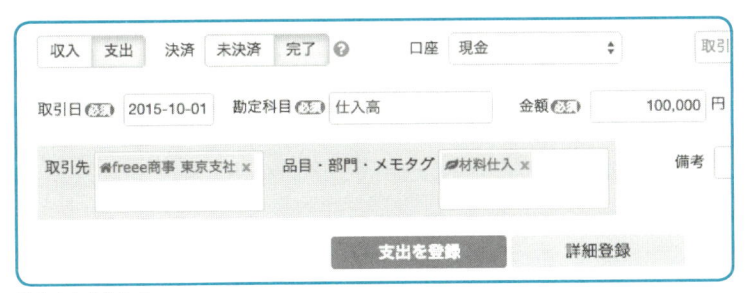

現金を支払うとき

コンビニでノートを買い、SMART ICOCA で払った

　freee では、SMART ICOCA も「口座」として登録し、自動同期を設定することができます。SMART ICOCA を自動同期しておけば、SMART ICOCA の利用履歴をすべて自動で freee に取り込むことができるので、細かい交通費の管理がとってもラクになります。

　SMART ICOCA を freee と同期させるには、下記に従って設定してください。同様に、PiTaPa などでも同期可能です。

https://support.freee.co.jp/hc/ja/articles/203063564

銀行やクレジットカードの口座同様、SMART ICOCA の履歴が「明細」として登録されたら、「自動で経理」から、勘定科目などを選んで、登録をします。

● column

freee と相性がいい交通系 IC カードはどれ？

　Suica を始めとした、交通系の IC カードを freee に同期させると、自動で交通費などの履歴を記録してくれるので、大変便利です。一方で、実際に freee と同期をさせたり、情報を読み込ませたりするとなると、それぞれに癖があります。

　まず、カードのみのものは、履歴を市販のカードリーダーを使って都度読み込む必要があり、少々不便です。カード内だけでなく、WEB からログインすることで直接履歴を見ることができるタイプのものだと freee と自動同期ができるため、このタイプの交通系 IC カードを選択することをおすすめします。

　上記の観点で特におすすめなのは、JR 西日本が発行している「SMART ICOCA」になります。WEB でアカウントを作成すれば履歴が見れるため、その情報を freee と自動同期することができます。

　JR 東日本が発行しているモバイル Suica も WEB で履歴を見ることができますが、残念ながら2015年現在 freee には対応しておりません。

・SMART ICOCA

　http://www.jr-odekake.net/icoca/purchase/smarticoca.html

　現在国内の IC カードはほとんど相互の連携が完了しているので、ICOCA が 1 枚あれば、東日本も含む全国の鉄道網で利用することができます。もちろん、Suica などの交通系 IC カードに対応している機械であれば、どこでもチャージ可能です。

　西日本に住んでいない方も、WEB サイトから SMART ICOCA を申し込

めば、郵送で手に入れることができます。実際に、筆者（山田）は関東在住ですが、「SMART ICOCA」を愛用しています。そんなわけで、迷った場合は、「SMART ICOCA」の利用をおすすめします。

従業員に給料を支払った

従業員にお給料を支払ったときの処理は、通常と少しだけ違います。というのも、実際に従業員に支払われるのは、「給料の額面金額から、源泉所得税（215ページを参照）や社会保険料の預り分などを引いた金額」となるからです。たとえば、以下の条件だったとします。

・給料の額面　⇒　30万円
・源泉所得税や社会保険料などの預り分　⇒　5万円
・支払額　⇒　25万円

これらの源泉所得税や社会保険料は、あくまで従業員からの「預り分」です。このときは、実際に支払った25万円の取引を登録するのではなく、「30万円の費用が発生したと同時に、そのうち5万円を従業員から預かった」というような意味合いの「取引」を登録します。

freeeの操作方法は、次のとおりです。

あらかじめ、支払予定額を登録しておく場合

給与が確定した時点で、「取引」⇒「取引を登録」から「支出」タブをクリックしたのち、「取引テンプレート選択」欄から「給与支払」を選択します。

① 決済ステータスを「未決済」にします。
② 「決済日」に給料の締め日（末日締めの翌10日払ならば、月末の日付）を入力します。

③ 給料手当、通勤手当、社会保険料、雇用保険料、源泉所得税、住民税の金額を各行に入力します。

④ 「登録」をクリックすると、給与の支払予定が登録されます。

⑤ その後、銀行口座から給与を支払うと、その「明細」が取り込まれます。

⑥ 「自動で経理」で、「支払」を登録します。

給料支払い後に登録する場合

まず、銀行口座から給料を支払います。すると、freee にその支払の「明細」が取り込まれます。

そのあとは以下のようにしてください。

① 「自動で経理」で、給料支払の明細の「カンタン取引登録」タブを選びます。

② 右側の「複数行取引」にチェックを入れます。

③ 「取引テンプレート選択」欄から「給与支払」を選択します。

④ 給料手当、通勤手当、社会保険料、雇用保険料、源泉所得税、住民税の金額を各行に入力します。

⑤ 「登録」をクリックします。

● column

家族に給料を支払ったら

個人事業者は、家族に払った給料を経費にすることはできませんが、税務署に届け出をしておけば、届け出た金額までは経費として認められます。この場合の「家族」とは、その個人事業者といっしょに生活している、配偶者や親、祖父母、15歳以上の子供などです。家族に払う給料を「専従者給与」といいます。（専従者給与については143ページを参照）

通常は、勘定科目に決まった言葉を使う必要はありません。しかし、専従者給与のように特別な経費については、それが特別であることを示すために、「専従者給与」という特別な勘定科目を使わなければなりません。

こんなことがあるから、税金の計算はややこしいですね〜。

支払予定額の登録

自宅をオフィスとして使っているならば

たとえば、「地代家賃」の勘定科目で登録されている自宅兼事務所の家賃のうち、「ビルB」の品目タグがついているものの30%のみを事業の支出として、残り70%をプライベート利用しているとしましょう。freeeでは、次のような方法で、かんたんに処理できます。

1 「決算」⇒「家事按分」をクリックします。

2 「新しい家事按分を登録」ボタンをクリックします。

3 「勘定科目」で「地代家賃」、「品目」で「ビルB」を選択します。

4 事業利用比率を30%として、「登録」をクリックします。

5 家事按分の一覧画面で「再計算」をクリックします。

● column

自分の生活費はどうする？

「自分の生活費に使うお金をどうするか」は、個人事業者にとって、なかなか難しい問題です。もちろん、全然儲かってなくて赤字だらけという場合は、ない袖は振れないので我慢するしかありません。一方で、すごく事業が儲かっていたり、そこそこの売上がある場合などは、どのくらいの金額をおろせばいいのか悩ましいところです。

一番よくないのは、「必要な金額を、必要なときに、都度都度おろす」

113

というパターンです。計画的に貯金することもできないし、プライベートにいくらお金を使っているのかも把握しにくくなってしまいます。

　筆者のおすすめは、会社員の給与のように、

「年の初めに月々のプライベート用に使うお金を決めておいて、決まった日にプライベート用の口座に振り込む」

　という方法。これであれば、1年間を通して生活費のリズムもできるし、計画的に一部分を貯金に回すこともできます。

「そうはいっても、1年の売上を予測できないんだから、あらかじめ給料なんて決められないよ……」

　そう思うかもしれません。でも、そこも含めてちゃんと予測して、振込金額を考えるようにしましょう。将来人を雇う場合や、株式会社などに法人化する場合には、いつか同じことをやらなくてはいけません。また、あらかじめ売上の予想を立てて、給与を考えるプロセスは、今年1年の事業の予測や展望を真剣に考えるきっかけになるので、あなたの事業にとってもメリットがあります。

　具体的に、どれくらいの金額をプライベート用におろせばいいのか見当もつかなければ、1年を通して、事業用の口座にもある程度お金が増えるのを前提にした金額を、プライベートの口座に毎月入金していくようにするのが妥当です。

　もちろん、事業での大きな投資が必要な勝負の年もあるでしょうし、プライベートで大きなお金がかかる年もあるでしょうから、臨機応変に。

お金が入ってくるときの処理をマスターしよう

入金処理をする前に
確認しておきたいこと

　経費についての考え方がバッチリ分かったら、次はお金が入金されたときの処理をみていきましょう。節税も大事ですが、個人事業者のみなさんにとって、要するにナンボ売ったのかが大切なのは、いうまでもありません。

　お客さまから売上金を回収する方法は、大きく分けて「現金でもらう」と、「通帳に振り込んでもらう」の2つがあります。でも、世界一ラクな確定申告をめざす読者の皆さんは、すべての入金を通帳に振り込んでもらうのが基本です（第1章参照）。「うちは美容院だから、現金商売なんですけど」という場合でも、日々の売上金にはいっさい手をつけず、そのまま入金口座に預け入れちゃいましょう。

「えー、毎日銀行に預け入れるのはめんどくさいな～」

　そう思ったかもしれませんが、毎日銀行に行く必要はありません。毎日の売上を銀行からもらった封筒にでも入れて、合計額を表紙に記載したら、あとは金庫にしまっておいてください。そして、週に一度か二度、封筒に記載したとおりの金額を、銀行の入金伝票に転記し、窓口のお姉さんに渡せばOKです。窓口が混んでいる場合は、キャッシュコーナーに並ん

で、封筒ごとに現金を預け入れます。

　少しばかりめんどうくさくても、「１日分ずつ預け入れる」ことにこだわってください。そうすれば、入金口座がそのまま売上帳に早変わり。freee が勝手に銀行預金を自動同期してくれるので、毎日の売上額が一瞬で記帳されるというわけです。

入金口座は、どこの銀行を選ぶと便利か？

　銀行口座を freee に登録し、自動同期の設定をすれば、その銀行口座の入出金情報は自動で freee に取り込まれます。

　その際、freee は銀行口座の入出金明細をインターネットバンキングのサイトから取得しますが、銀行によって、どれだけ過去の明細までサイトに保存してあるかが異なるので注意しましょう。一般的に、ネット銀行（ジャパンネット銀行、楽天銀行、住信 SBI ネット銀行など）では、長い期間の過去にさかのぼって明細を取得できて便利です。また、三菱東京 UFJ 銀行でも ECO 通帳を設定すれば、２年分の明細を保存できますが、ECO 通帳に移行する前のデータが復活するわけではないので注意が必要です。

　ネットバンキングの情報が消えてなくなる前に、まずは１日も早く freee で口座の同期設定だけは済ましておきましょう。

　freee に対応している銀行のリストはこちらです。

「世界一ラクにできる銀行比較」
https://secure.freee.co.jp/walletables/sync_bank_list

　ところで、通帳に入金されるものは、売上だけとは限りません。よくある取引の例として、以下の３つの場合について、入金を処理する方法を見ていきましょう。

① 売上の場合

② 銀行などからお金を借りた場合

③ 自動車ローンなどを組んだ場合

どの時点で「売上が実現した」といえるか

　ここで、費用はいつ入力すべきだったかを思い出してください（第3章参照）。税務署は、あなたがいつお金を払ったかでなく、いつお金を払う義務が発生したかで、経費にできるかどうかを判断するという話でしたね。

　売上も同じです。「売上を入力するのは、お金を受け取ったときではなく、売上が実現したときである」という、共通のルールを覚えておきましょう。

　では、「売上が実現した」とは、どの時点をいうのでしょうか。

　まず、売上が実現して入金されるまでのステップを、順に見てみましょう。

売上が実現するステップ

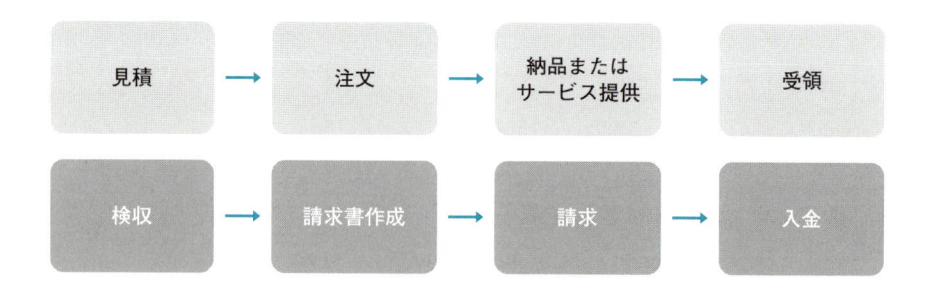

　どうです？　ひと口に「売上」と言っても、注文をうけてから実際に入金されるまでには、たくさんのステップを踏んでいることがわかりますね。

確定申告では、どの時点で売上を計上しなければならないと思いますか？

入金の段階ではないことは、すでに述べましたね。かといって、注文をうけた段階で売上が実現したというには、少し早すぎるような気がします。

答えを言ってしまうと、「納品時」か「相手方の受領時」または「検収時」です。

freeeでは、請求書の「発生日」を入力すると、それが「売上の計上日」になります。「発生日」には、「売上が実現した日」を打ちこむことが重要なポイントです。ついつい、請求書を作成した日を「発生日」にしないように気をつけましょう。なぜなら、税金の世界では、請求書を作成した日付を売上の計上日とは認めてくれないからです。もし、これを認めてしまうと、現金主義と同じように、あなたが「少しぐらい入金が遅くなってもいいから、この売上は来年の売上に回しちゃおう」と、自由自在に利益操作ができてしまうので、税務署として認めるわけにはいかないのです。

売上の日付は1年の最後に気にすればOK

あ、「何だかめんどくさい話だな〜」と思っていませんか？

いえいえ、じつは1年の途中は、売上の日付なんてまったく気にしなくてもいいのです。

どういうことか？

税務署としては、最終的に1年間の売上の合計が正しく申告されていれば、何の問題もありません。

そして12月分の処理が終わって、最後に決算の仕訳を入力するときだけ

「この請求書は1月になってから作成したから日付は1月だけど、実際に品物を納めたのは12月だから、今年の売上になるのか〜」

と売上の計上時期を気にすれば十分なのです。

　また、あらゆる取引や請求書の処理をなるべく freee で行うようにすれば、細かいことを考えなくても、自動で大部分が発生主義のルールに則った決算書ができる仕組みになっています。決算時の処理は第6章でくわしく説明するので、安心してください。

‣ 4 - 2

売 上 を 処 理 す る に は

請求書を作ろう

　まずは、売上を請求するために、請求書を作成しましょう。

　freee は、かんたんに PDF の請求書を作れるので、とても便利です。しかも、請求書を作成するだけで、売上の帳簿づけも自動的にできてしまうのがすごいところです。

　freee で請求書を作成する手順は、以下のとおりです。

① 「取引」から「請求書の作成」を選択します。

② 請求書への記入内容を入力します。

　※このとき、自分のビジネスのロゴや印影などがあれば、請求書にのせることもできます。また、請求書のレイアウトを変更することもできます。

③ 必要事項を入力し終えたら、「請求書を確認する」をクリックし、内容が問題なければ「請求書を保存する」をクリックします。

　すると、請求書が発行され、同時に「取引」も記録されます。

請求書の作成

請求書を発行した時点では、まだお金は入金されていないので、現金の残高が増えるわけではありません。その代わりに、帳簿には「未収金」という項目が計上されることになります。freee では、「未決済の未収金がある」という処理になります。

請求書の完成

● column

「売掛金」と「未収金」の違いは？

　ところで、相手先から入金されていない未決済の「未収金」のことを、会計の世界では、「売掛金」といいます。

　「え、『売掛金』と『未収金』は、使い分けないといけないの？」

　なんて、心配する必要はありません。経理の専門家は「売掛金」という言葉に慣れているので平気で使いますが、どちらの言葉を使っても、確定申告をするうえで、何の不都合もありません。本書では、「未収金」という言葉を使っていきます。

入金があったら消し込みをする

　請求書が相手方に届いて、1ヶ月とか2ヶ月たつと、あなたと取引先の間の約束に基づき、請求額が通帳に入金されてきます。相手先から入金があったら、どの請求書の入金があったのかマッチングし、該当する未収金をマイナスします。このように、未収金をマイナスすることを「消し込み」といいます。

　freeeでは、入金があったとき、自動で請求書に該当する入金があったことをお知らせしてくれます。また、クリックひとつで、その請求書が入金済みであることのチェックと、仕訳の登録が行えるようになっています。操作の流れは以下のとおりです。

❶ freeeで作成した請求書に対して入金があると、「取引」⇒「自動で経理」にその明細が追加され、「入出金予定とマッチ」タブに請求内容が表示されます。

❷ マッチした請求書の内容とまちがいなさそうであれば、「登録」をクリックします。

③ すると、請求書のステータスが「未決済」から「完了」となるとともに、請求書に対して入金があったことが、仕訳として登録されます。

　このように、マッチした請求書を確認して、クリックしていくだけで、基本的な入金の確認はほぼ済ませることができます。

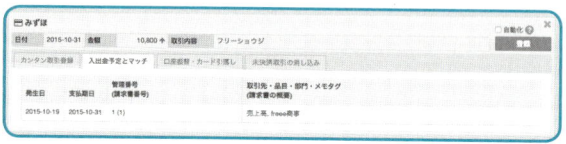

入出金予定とマッチ

「入出金予定とマッチ」が表示されない場合は

　以下のような場合には、「入出金予定とマッチ」が表示されないことがあります。

・該当すると思われる請求書や、「未決済」の「取引」が複数存在する場合
・実際に入金された金額が入金の予定金額と異なる場合

　入金に対して、発行した請求書があると思われる場合には、下記の処理をしてください。

① 「取引」⇒「自動で経理」にて、「明細」の「編集」をクリックします（場合によっては省略できます）。

② 「未決済取引の消し込み」タブをクリックします。

③ 「未決済の取引から選択する」をクリックして、「決済」を登録する取引を選択します。その取引の一部の金額だけ決済する場合は、「今回支払金額」を変更します。

④ 取引と明細の差額に該当する取引を追加します。明細の金額の方が多

い場合は「行を追加」をクリック、明細の金額の方が少ない場合は「預り金・支払手数料を追加」をクリックして、金額に差額を入力します。

❺ 「登録」をクリックします。

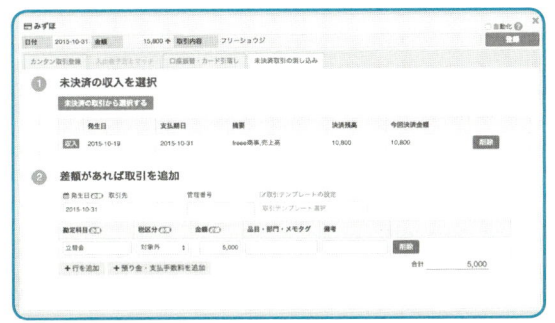

未決済取引の消し込み

　ちなみに、請求から入金までの期間のことを、「入金サイト」といいます。入金サイトが長くなればなるほど、資金繰りが厳しくなります。そのため、入金サイトの交渉は請求額と同じシビアさで臨みましょう。

もしも予定どおりに入金されていなかったら

　請求書を発行したら、そのお金が約束どおりに入金されたかどうかを、常にチェックしましょう。もし期日どおりに入金されなかったら、すぐに相手に連絡しないと、資金繰りが悪化してしまいます。「いくら督促しても入金されず、取りっぱぐれてしまう」という最悪のケースも珍しくありません。

　そしてここが肝心なのですが、万が一、相手方から入金がなくても、仕入代金や外注費などの費用は、約束どおり支払わなければなりません。売上先から入金がなかったからといって、仕入先に支払わないと、「信用」というこれまで築いてきた大事な財産を失ってしまいます。「販売」とは、商品を売ったら終わりではありません。請求した代金を回収して、はじめ

て完結するのです。

　このように、未収金の管理は「ビジネスの心臓部」ともいえる大事な業務。どんなに手間と時間をかけてでも、得意先管理簿を別途 Excel などで作成して、未収金の残高を管理するのが一般的です。まったく、手間のかかる話ですね。

　しかし、めんどうくさがりなあなたもご安心ください。

　freee では、「売掛レポート」を使えば、どの請求書に対して、いくら未収金が残っているかが、ひと目でわかるのです。

❶ 「レポート」の「売掛レポート」を選択します。

❷ 最終年月と、そこから遡る月数（期間）を選択することで、期間内の売掛や、取引先ごとの月次の売掛、決済期日が近い売掛などをレポートとして表示することができます。

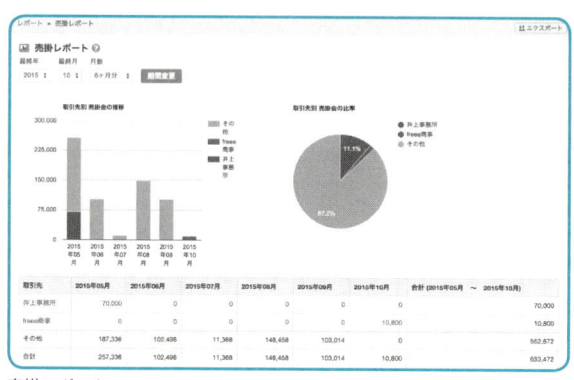

売掛レポート

請求額と入金額がちがうときは

「入金した金額が請求書の入金予定の金額と違う！」

　そんなことも、たまに起こります。必ず、請求書ごとに、未収金の残高

がゼロになっているかを確認してください。残高がゼロになっていなけれ
ば、そこには何らかの理由があるはずです。

　たとえば、相手が振込手数料を差し引いて、入金してきたのかもしれま
せん。または相手先があなたの経費を立て替えており、相殺されて入金さ
れた可能性もあります。

　これらは、確定申告の経費として計上すべきものです。freee では、次
のような処理をします。

①「取引」⇒「自動で経理」にて、「明細」の「編集」をクリックします（場
　合によっては省略できます）。
②「未決済取引の消し込み」タブをクリックします。
③「未決済の取引から選択する」をクリックして、「決済」を登録する取
　引を選択します。
④「預り金・支払手数料を追加」をクリックして、金額に差額を入力しま
　す。
⑤「登録」をクリックします。

未収金の取りっぱぐれがいかにおそろしいか

　相手の経理担当者がまちがえて、請求額より少なく振り込んだというこ
とも考えられます。請求書には、しっかり消費税をプラスして計算してあ
るのに、うっかり者の経理担当者が、税抜きの金額欄をみて振り込んでし
まったなど、ありがちな話です。

　もしかしたら、資金繰りが悪くて、全額を支払えなかったということも
考えられます。相手が連絡もせず勝手に少なく振り込んできたのかもしれ
ません。

　いずれにしても、大至急、相手方に再請求をかけましょう。でないと最
悪の場合、取りっぱぐれてしまう可能性があります。

　未収金の回収ができないということは、単に「その請求額だけ損をして

終わり」というわけではありません。前述したように、入金がなくても、仕入などの経費は支払わなければならないからです。

たとえば、60万円で仕入れた商品を100万円で販売しているとしましょう。商品の利益率は40％です。

100万円が入金されなかった場合、この100万円を取り戻すためには、売上ではなく、100万円分の利益を上げなければなりません。つまり、250万円を売上げなければ、100万円の利益を取り戻すことはできないのです。

- 利益率 ⇒ 40万円÷100万円＝0.4
- 表面上の損失額 ⇒ 100万円
- 本当の損失額 ⇒ 100万円÷0.4＝250万円

支払期日を設定しておけば、自動で教えてくれる

「未収金の残高管理が大事なことは、よくわかったよ。でも、ついつい忙しさにかまけて、忘れちゃいそうだな……」

そんなズボラなあなた。ご安心ください。freee なら、うっかり回収もれがあっても大丈夫です。

請求書を作成するときに、入金予定日を設定しておきましょう。詳細で入力した「決済期日」が近づいたり、期日をすぎても入金されないと、「ホーム」でアラートが出て、状況を教えてくれます。これをチェックしておけば、支払が遅れている相手先もかんたんに管理できます。

決済期日の近い取引			
↓	2014-08-10	13,000円	Kデザインオフィス
↑	2014-07-10	30,000円	エムテック株式会社
↓	2014-07-10	9,000円	株式会社パルスデザイン
↑	2014-05-10	10,000円	IMV株式会社
↑	2014-04-10	20,000円	Kデザインオフィス

お知らせのイメージ

現金が入金されたときに売上を計上する場合は

　ところで、すべての業種の人が、請求書を発行して、1ヶ月とか2ヶ月後に入金があるわけではありません。

　美容院のように、「うちは現金商売だから、未収金なんて関係ないんだけど」という人。
「ネットショップをやっているから、入金を確認してからでないと、商品を送らないんだよね〜」という人。

　そういう人は、現金が入金されたときに売上を計上すればOKです。

「う〜、発生主義なんてめんどくさい、もっとかんたんな方法はないの？」
「まめに帳簿なんてつけてられないよ！　お正月の間に1年分をまとめてfreeeに入力するから、期中の残高管理なんてどうでもいいよ」

　そんな人は、期中は未収金をたてずに、入金があったと同時に売上を計上してもいっこうにかまいません。3章の冒頭で解説しましたが、これを「現金主義」といいます。

「えー、さっき、現金主義はダメだって言ったじゃないですかー」

　はい、あわてないで。最終的には発生主義で売上をたてなければ、税務署が許してくれるはずはありません。そこで、期中は現金主義で売上を計上しておいて、年に一度だけ、決算処理をするときに請求書や納品書をチェックし、今年の売上に計上すべきものを拾い出して入力するのです。
　現金が入金されたときに売上を計上する場合のfreeeの処理は、こんな感じです。

1. 「取引」から「取引を登録」を選択します。
2. 収入が選択されているのを確認し、「決済」を完了にします。
3. 「口座」に「現金」を選択します。
4. 「取引日」「勘定科目」「金額」「タグ入力欄」「備考」を必要に応じて入力し、「登録」ボタンをクリックします。

これで、現金が入金された時に、売上が計上されます。
銀行口座に入金される場合は、以下のようにしてください。

1. 銀行の明細が取り込まれている状態で、「自動で経理」をクリックします。
2. 該当する明細にて勘定科目に「売上高」を選択します。
3. 必要に応じて、「タグ入力欄」で取引先や品目を入力し、登録します。

去年の決算で未収金として入力した売上はどう処理する？

　現金が入金されたときに売上を計上するのは、処理はラクちんなのですが、決算仕訳（第6章を参照）のとき、少しだけテクニックが必要です。期中に現金で入金されたものをすべて売上として計上すると、2年目以降、1月とか2月ごろ入金された、本来なら去年の売上になるべきものが、今年分の売上として認識されてしまうからです。

「でも、それだと二重に売上が計上されちゃいませんか？」

　そのとおり！　そこで、「去年の決算で未収金として入力した売上を、今年の売上からマイナスする」という処理が必要になります。
　freeeの場合は、この消し込みの処理をワンクリックでできるうえに、消し込み忘れがおきないようにお知らせもしてくれるので、かんたんに済ませることができます。

年に一度だけ、少しだけめんどうくさい処理が発生しますが、期中はとにかく「入金イコール売上」という処理さえしておけば大丈夫。「とにかくラクしたい！」というあなたにはおすすめです。

　ちなみに、決算時の処理については、第6章の175ページでくわしく説明します。

期末に入金待ちの状態の売上を登録する方法

① 「取引」⇒「取引を登録」をクリックします。
② 「収入」をクリックし、「未決済」をクリックします。
③ 「発生日」に売上が発生した日付を入力します。
④ 勘定科目に「売上高」を選択し、必要に応じて摘要タグや備考に情報を登録します。

上記の売上を消し込む方法（翌年の処理）

　上記の売上登録時に入力した入金予定日を過ぎると、トップページの「決済期日の近い取引」という項目に、取引が「超過」という形で表示されます。以下のようにするだけで消し込みが完了します。

① 表示されている取引をクリックします。
② 「決済を登録」をクリックします。
③ 「決済口座」、「決済日」、「決済金額」を入力して「登録」します。

　消し込み処理を行っていないと、freeeのトップ画面の「決済期日の近い取引」に消し込みが必要な処理が表示され続けるため、消し込みを忘れる可能性は激減します。

お金を借りた場合は どうするの？

借入のときは「支払用の口座」を 利用する2つの理由

　第1章で説明したように、入金用の銀行口座と支払用の銀行口座を分けて、「得意先からの振込」や「現金で回収した売上金」はすべて入金用の口座に入れるのが、世界一ラクに確定申告するためのお約束。ところで、ここで1つ、気をつけてほしいことがあります。それは、

「金融機関からお金を借りるときに限っては、入金用の口座は使わない」

　ということです。

　借入の申し込みにあたっては、あらかじめどの銀行口座に融資金を入金してほしいかを指定するのが普通です。そのとき、申し込み用紙には、入金用ではなく、必ず「支払用の口座を記載する」ようにしましょう。

　どうして、そんな例外を作るのでしょうか？　理由は2つあります。

1 借りたお金は負債であって、売上ではないから

　銀行から借りたお金は「負債」であって、売上ではありません。世界一ラクにできる確定申告では、入金口座は「売上帳」も兼ねています。借入金を売上と混ぜて入金してしまうと、資金に余裕ができ、「じつは業績が悪いのに、気がつかない」という危険性があります。ついつい気がゆるん

で使いすぎてしまい、気がついたら返済にも滞る、という事態になりかねません。

そこで、銀行から入金されたときは、「売上」ではなく、「借入金」という項目で処理します。

もう一度確認すると、入金口座は「売上」だけに利用します。銀行からの借入は、出金用口座を利用しましょう。借入金が銀行口座に振り込まれると、入金の明細として取り込まれます。

freeeでは、次のような操作になります。

① 「取引」⇒「自動で経理」から該当する入金の「明細」へ移動します。
② 「カンタン登録」で、勘定科目に「長期借入金」または「短期借入金」を設定します。返済期日が1年以内の場合は短期、1年以上の場合は長期になります。
③ 借り入れた銀行の名前を「取引先」タグとして登録し、「登録」をクリックします。

このように、借入先なども取引先に入れておくと、残高の管理がよりラクになります。

ただし、「口座名」と同じ「取引先名」は使えないので注意が必要です。

2 利息もいっしょに払うから

借りたお金を返済するときは、元本だけでなく、利息という経費もいっしょに支払います。融資金を入金用の口座に入れると、返済もそのまま入金口座から行うことになってしまい、かえって処理がめんどうくさくなります。経費はすべて支払用の口座で管理するためにも、融資をしてもらうときから支払用の銀行口座を使ったほうがラクちんなのです。

ちなみに、「証書」でお金を借りると、あとで金融機関から返済予定表が送られてきます。この返済予定表は大事な書類なので、なくさないよう大切に保管しておきましょう。

借りたお金を返済したときは

　借りたお金を返済する場合、返済予定表の該当する月を見ながら、元本部分は借入金をマイナスし、利息は経費に計上します。以下のいずれかにより、処理が異なります。

・借入額の元本のみを返済した
・利息も含めて返済した

借入額の元本のみを返済した場合

　この場合には、返済額分の出金が銀行口座に発生します。処理は以下の手順です。

1 「取引」⇒「自動で経理」の該当する出金の明細を確認します。
2 「カンタン登録」から、勘定科目で「短期借入金」または「長期借入金」を選択します。
3 借り入れをした際に「取引先」も登録していた場合には、同じ「取引先」を選択します。
4 「登録」をクリックします。

借入金の元本と利息とを同時に支払った場合

　この場合には、返済額と利息額の合計分の出金が銀行口座で発生します。処理は以下のとおりです。

1 「取引の登録」⇒「自動で経理」から該当する出金の明細を確認します。
2 「カンタン取引登録」タブを選び、右側の「複数行取引」にチェックを入れます。
3 「行を追加」をクリックし、以下の2行の取引を登録します。
　　・「短期借入金」（または「長期借入金）xxx 円

・「支払利息」xxx 円

4 借り入れをした際に「取引先」も登録していた場合には、同じ「取引先」を選択します。

5 「登録」をクリックします。

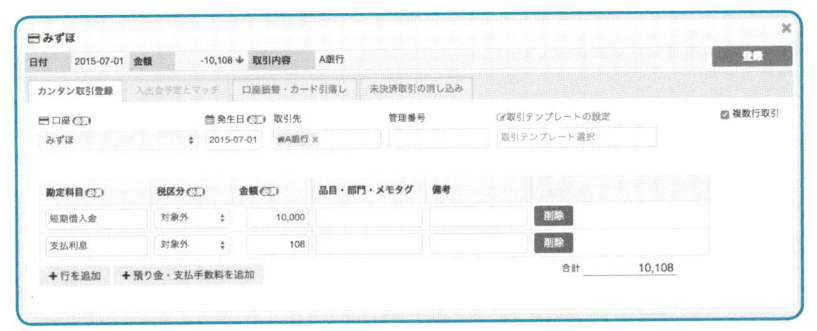

複数行取引

タグ機能で借入残高をしっかり管理しよう

　複数の金融機関から借りたり、借入金の数が複数あるときは、以下のようにタグ機能をしっかり活用して、1本ずつの残高が見れるようにしておきましょう。

1 「レポート」⇒「試算表：貸借対照表」を選択します。

2 表示するタグの「取引先」をクリックします。

3 残高をチェックしたい期間を選択し、「絞込」ボタンをクリックします。

4 固定負債の項目に、金融機関名または借入金ごとの負債額が表示されます。

ローンを組んだ場合は

ローンの特徴って？

　自動車などのローンを組んだ場合は、融資と違って、借りたお金があなたの口座に振り込まれることはありません。自動車の販売会社などに直接支払われます。その後、あなたは月々、決められた金額をローン会社に返済していくことになります。

　それでも freee では、ローンは「いったん現金が入金され、そのお金で車を買った」という処理をします。

　ローンの実行額は「未払金」という負債に計上されます。

　同時に、車の購入費用は「自動車」または「車両」という資産として計上されます。「負債」や「資産」については、第5章でもう少しくわしく解説します。

　証書借入と違って、たとえば5年分など、返済期間全体の利息合計額が最初から残高に含まれているのが、ローンの特徴です。

　契約が実行された後、ローン会社から返済予定表が送られてきます。なくさないよう、大切に保存しておきましょう。

ローンを処理するには

ローンを処理する方法は、2つあります。

1 利息部分と本体部分に分けて資産計上する

1つは、以下のように利息部分と本体部分に分けて資産計上する方法です。

- ・本体部分　⇒　車両
- ・利息部分　⇒　前払費用

「前払費用」は返済期間に応じて、「車両」は法律で決められた期間で按分し（くわしくは183ページを参照）、決算時に経費として計上します。

2 全額を車両として計上し、決算時に減価償却する

もう1つは、利息も含めて、ローンの全額を「車両」などの項目に計上し、決算時に全額を減価償却する方法です（減価償却については183ページを参照）。

世界一ラクにできる確定申告では、かんたんなこちらの方法をおすすめします。

freeeでは、「自動車を購入したが、『未決済』の状態になっている」と登録します。

1 「取引」⇒「取引を登録」から「支出」をクリックします。

2 「未決済」をクリックします。

3 「勘定科目」を「車両運搬具」にします。

4 「タグ入力欄」に、取引先としてローン会社を、品目として購入した車の種類を入力します。

5 「登録」をクリックします。

ローンを返済したときは

　ローンを返済したときは、上記どちらの会計処理を選択した場合でも、利息も含めた返済額を、未払金からマイナスしていきます。

　ローンは、通常銀行口座から引き落とされるので、出金の明細が、銀行口座に印字されます。このときの処理は以下のとおりです。

❶「取引」⇒「自動で経理」から、該当する明細にて、「未決済取引の消し込み」をクリックします。

❷「未決済の取引から選択する」をクリックして、137ページの①〜⑤で作成した未決済の支出をチェックします。

❸「今回支払額」の欄に、今回の支払額を入力します。

❹ 選択後、明細の「登録」ボタンをクリックします。

ローンの残高もタグでしっかり管理！

　事業が大きくなると、自動車以外にも、さまざまなローンが増えていきます。ローンの残高も、借入金と同じように、タグ機能で1本ずつ管理しましょう。未払金の残高を確認するときは、以下のようにします。

❶「レポート」⇒「試算表：貸借対照表」から、表示タグの「取引先」をクリックします。

❷ 未払金の項目に、ローンの借入先ごと、ローンの種類ごとの金額が表示されます。

税金がトクになること、トクにならないけどやらなければいけないこと

青色申告のメリットを理解しよう

青色申告って、なにがうれしいの？

　申告の方法はいくつかあるのですが、この本では「青色申告」という方法をおすすめします。

「黄色とかピンクとか、違う色の申告もあるんですか？」

　はい、赤字の場合は赤色申告といいます、というのは真っ赤なウソです（笑）。

　青色申告のほかには、白色申告という方法があります。以前は、白色申告の場合は白、青色申告の場合は青と、文字どおり申告書の色で区別していたことに由来しています。最近はインターネットで電子申告する時代ですから、画面のどこを見ても色で区別することはできませんが、昔の名残で、青色申告とか青色決算なんて呼び名が残っているのです。

　青色申告を選択したいと思ったら、「青色申告選択届出書」という届け出を税務署に提出しなければなりません。何の届出も出さなければ、自動的に白色申告となります。

　わざわざ届け出が必要なのは、それだけのメリットがあるからでもあります。では、青色申告のメリットには、どんなものがあるのでしょうか？1つずつ見ていきましょう。

1 無条件に10万円を所得からマイナスすることができる

まずは、青色申告にするだけで、「無条件に」10万円を所得からマイナスすることができます。

さらに、「貸借対照表」という書類も作ったら、それだけで65万円の控除があります。何がすごいって、これは要するに65万円のカラ領収書を国が認めてくれているのと同じ効果があるのです。

青色申告でマイナスできる金額

	マイナスできる金額	条件
青色申告控除	10万円	青色申告承認申請書を期限内に提出する
青色申告特別控除	65万円	複式簿記を使って、貸借対照表を作成する

これがどのぐらいの節税効果があるかというと、稼ぎの少ない人でも年間9万7,500円、稼ぎがうんと多い人なら27万9,500円も得をしちゃうのです。毎月2万3,000円も得するなら、青色申告を選ばない理由はないと思いませんか？

え、なんで、稼ぎが違うと節税額が違うんだって？ 税金の計算方法については、146ページを参考にしてくださいね。

所得190万円の場合の税金

（各種控除は未考慮、以下同）（単位：円）

	所得税	住民税	合計
白色申告の場合	95,000	190,000	285,000
青色申告（10万円控除）の場合	90,000	180,000	270,000
青色申告（65万円控除）の場合	62,500	125,000	187,500

所得400万円の場合の税金

（単位：円）

	所得税	住民税	合計
白色申告の場合	372,500	400,000	772,500
青色申告（10万円控除）の場合	352,500	390,000	742,500
青色申告（65万円控除）の場合	242,500	335,000	577,500

所得1,000万円の場合の税金

（単位：円）

	所得税	住民税	合計
白色申告の場合	1,764,000	1,000,000	2,764,000
青色申告（10万円控除）の場合	1,731,000	990,000	2,721,000
青色申告（65万円控除）の場合	1,549,500	935,000	2,484,500

2 今年の赤字を来年以降に繰り越せる

　次に大きなメリットは、「今年の赤字を来年以降に繰り越せる」ことでしょう。

　本来、ビジネスとは、いったんスタートしたら、廃業するまでずっと続くものです。それなのに、今年はいくら売れたとか、いくら損したとか、無理やり1年に区切って、税金の計算をするのが確定申告という制度です。

　だから、「絶対に毎年黒字」という保証はどこにもありません。景気のいい年もあれば、悪い年もあります。または「今年は挑戦の年だ！」と決めて、いっぱい投資して300万円の赤字になったとしても、来年はその投資が実って、1,000万円稼いじゃうかもしれません。

　次ページの表のケースの場合、通算では700万円しか儲かっていないのに、1年ごとに確定申告をするので、白色申告だと1年目の税金は0円、

2年目の税金は276万4,000円になります。ところが、青色申告を選択すると、「今年の赤字を来年の黒字と相殺しましょう」という制度が利用できるので、2年目の税金は住民税とあわせて167万4,000円で済む、というわけです。

1年目−300万円・2年目1,000万円の場合

（単位：円）

	1年目		2年目	
	課税所得	税金	課税所得	税金
白色申告の場合	0	0	1,000万	2,764,000
青色申告の場合	-300万	0	700万	1,674,000

3 生計が同じ家族にも給料を払える

　青色申告の3番目のメリットは、「生計が同じ家族にも給料を払える」ということです。

　「え？　ということは、白色申告の人は、家族に給料払えないの？　んな、バカな！　だって、うちの奥さん、電話番もしているし、オレの仕事だって手伝っているよ」

　残念ながら、個人事業者の場合、夫から妻に渡したお金が、生活費なのか、給料なのかを区別することが難しいので、同居の家族への給料は原則として認められないのです。
　「いやいや、うちの母ちゃんキビシイから」とか「うちは家庭内別居だから」とか、そんな個別事情はくんでくれないのが、税務署というものです。
　しかし、青色申告なら、生計が同じ家族に対して、労働の対価として払った給料を、経費にすることができます。
　ただし、無条件というわけではありません。

まず、その年の３月15日までに、「青色事業専従者給与に関する届出書」という書類を税務署に提出しなくてはなりません。要するに、家庭内における「妻」の立場と「従業員」の立場を区別してあげましょう、という親切な制度なわけです。

　ただし、青色事業専従者は、12月31日現在で15歳以上でなければならないとか、１年の半分以上はあなたの事業を「もっぱら」手伝っていなければならないなどの条件もあります。

　「え、ということは、夏休みに中学生のムスコが手伝ってくれたからバイト料をあげても、ただの『お小遣い』になってしまうの？」

　そうです。生活費と同じで、家庭内でやりとりされるお金は「小遣い」と「給料」の区別がつかない、というのが税務署の考え方なのです。

　このとき、気をつけなければならないこともあります。青色事業専従者は、たとえ給料が年間103万円以下でも、配偶者控除やら扶養控除の対象にならないということです。

　「げ！　10万円でも⁉」

　そうです。「１年間働いて、10万円しか払わないって、どういうことやねん！」というツッコミはこの際横において、10万円でも専従者給与を支払ったら、妻や子どもたちを扶養に入れることはできないので、注意してください。

なぜ白色申告のメリットはあまりないのか

　ちなみに、白色申告の場合でも、「白色専従者給与」という制度があります。

「なんだ〜。だったら青色にする必要ないんじゃないの？」

　まあ、待ってください。白色申告の場合は、妻は86万円、子どもなど妻以外の人は50万円と一律に決められているので、あまりメリットがありません。

　それに対して、青色申告の場合は、届出さえすれば、自分で好きな給料を家族に払うことができるので、節税効果も高いのです。といっても、もちろん常識の範囲内の話ですが。

　え、節税になる理由が知りたい？

　はいはい、理由は2つあります。

1　給料として支払った金額全部に税金がかかるわけではない

　1つめは、じつは給料というものは、支払った金額全部に、税金がかかっているわけではないからです。

　どういうことでしょうか？

　たとえば、あなたが妻に120万円の給料を払ったとしましょう。120万円の場合、65万円をマイナスした55万円にしか税金がかからない仕組みになっているのです。ナントこれだけで、住民税も合わせると、9万7,500円も節税になっちゃうわけです。

　このマイナスされる65万円を「給与所得控除」といいますが、この額は給料によって変わってきます。給与所得控除は、最高で245万円にもなり、節税できる金額は計算上、最高料率が適用されると、住民税とあわせて134万7,500円にもなります。そこまで妻に専従者給与を払って、税務調査で認められるかどうかは、別の話ですけどね（笑）。

　要するに、国が給与所得控除という「経費」を無条件に認めてくれているのだから、これを利用しない手はないというわけです。

2　所得が大きくなるほど税率が高くなる

　2つめの理由は、所得税では、所得が大きくなるほど税率が高くなる「累進課税」を採用しているからです。

所得税の累進課税

課税所得	税率（%）	控除額（円）
195万円以下	5	―
195万円超～330万円以下	10	97,500円
330万円超～695万円以下	20	427,500円
695万円超～900万円以下	23	636,000円
900万円超～1,800万円以下	33	1,536,000円
1,800万円超～4,000万円以下	40	2,796,000円
4,000万円超	45	4,796,000円

　ここでポイントは、「夫と妻のお財布は一心同体」ということです。

　たとえば、夫であるあなたの所得が400万円だったとしましょう。これに対する税金は、住民税も合わせると、ざっくり77万2,500円になります（配偶者控除など各種控除については未考慮、以下同）。

　しかし、妻に120万円の給料を払うとどうなるでしょう。あなたの所得は、280万円に減ります。

　所得が280万円になると、所得税率も20％から10％に下がるので、税金はざっくり、46万2,500円になります。これに妻が払う税金8万2,500円を足すと、夫婦で支払う税金は、合計で54万5,000円です。

妻に給料を支払わない場合

	所得	所得税	住民税	合計
夫	400万	372,500	400,000	772,500
妻	0	0	0	0
合計	400万	372,500	400,000	772,500

妻に120万円の給料を支払う場合

（単位：円）

	所得	所得税	住民税	合計
夫	280万	182,500	280,000	462,500
妻	120万	27,500	55,000	82,500
合計	400万	210,000	255,000	545,000

　どうです？　青色申告にして妻に給料を払っただけで、あなたの所得400万円は変わらないのに、払うべき税金は、22万7,500円も違ってくるではありませんか！　青色申告の威力は十分、わかっていただけたでしょうか。

　その他、30万円未満の資産を購入したら、1年で費用に計上できるなど、青色申告のメリットは「これでもか！」というほどたくさんあります。下記の表を参考にしてください。

おもな青色申告の特典（平成27年現在）

内　容	特　典
青色申告を選択した場合	10万円または65万円の所得控除が受けられる
赤字になった場合	今年の赤字が3年間繰り越せる
同一生計の家族に給料を支払った場合	青色事業専従者控除を適用して、経費にできる
一定の①機械装置、②工具、③器具備品、④ソフトウェア、⑤輸送用車両を取得した場合	取得価額×30%の特別償却／取得価額×7%が税額控除できる
30万円未満の少額減価償却資産を取得した場合	取得価額全額を経費にできる
試験研究をした場合	試験研究費の総額×10%を税額控除できる
試験研究費が増額した場合	増額試験研究費に一定の割合をかけた金額を税額控除できる
雇用者の数が5人以上（中小企業者は2人以上）増えた場合	20万円×増加雇用者数の税額控除ができる
売掛金や未収金がある場合	貸借対照表の年度末残高×5.5%が控除できる

青色申告には帳簿づけが不可欠

このようにメリット満載の青色申告ですが、いいことだけでもありません。青色を選択した個人事業者には、「キチンと」帳簿をつけたり、領収書などの証拠書類を「キチンと」保管しなければならないという義務が発生します。そして、複式簿記を使って記帳し、損益計算書、そして貸借対照表というものを申告書に添付するなどの条件を満たさなければならないのです。

税務署が、これでもか、これでもかというぐらいたくさんのメリットを打ち出して、その分税収が減っても皆さんに複式簿記を実践させようと誘導するのには、理由があります。複式簿記を使って帳簿をつけると、その内容が正しいか正しくないかが、すぐに検証できるからです。

たとえば、あなたが50万円のコンサルタント売上を通帳に振り込んでもらったとします。このとき、

「コンサルティングというサービスを売ったから【原因】
　通帳の残高が50万円増えた　　　　　　　　【結果】」

と考えるのが、複式簿記です。

【結果】預金　50万円　/　【原因】売上　50万円※
※売上50万円の根拠は、通帳を見ればわかる

複式簿記を使わないで、売上を記帳したらどうなるでしょうか。単式簿記の場合は、ただ単に「50万円を売りました」と記録しておしまい。税務署としても、この50万円が正しいのか、まちがっているのか、まったく検証のしようがありません。

一方、複式簿記を使うと、50万円を売ったことが、「通帳の残高」という客観的な事実に裏付けられるので、正確な記帳ができるのです。

「青色申告には、いっぱいメリットがあるのはわかったけど、やっぱり複式簿記とか、めんどうだし」

　と思ったそこのあなた。心配には及びません。何度も言いますが、freeeは複式簿記がわからなくても、自然に貸借対照表が作れるスグレモノだからです。

３分でざっくりわかる複式簿記

　それでも青色申告する以上、複式簿記とは何か、貸借対照表ができるしくみぐらいは知っていてもバチは当たらないだろう、ということで、本当にざっくりとポイントを解説しますね。

すべての取引を５つのグループに分類

　複式簿記では、すべての取引を、「売上」「費用」「資産」「負債」「その他」の５つのグループに分けて、分類します。

　そのうち、「売上」と「費用」だけを取り出して、今年いくら儲けたのかを集計した表を「損益計算書」といいます。売上から費用をマイナスした金額が、今年の利益というわけです。

　そして、残りの「資産」「負債」「その他」を一覧表にまとめたものが、「貸借対照表」です。「資産」とはプラスの財産、「負債」とはマイナスの財産のこと。それぞれ以下が該当します。

・資産　⇒　現金、銀行預金、未収金、自動車、建物、貸付金など
・負債　⇒　借入金、未払金、預り金など

　そして、４つのいずれにも該当しないものが「その他」になります。「その他」でみなさんに覚えておいていただきたいのは、「事業主貸」と「事

業主借」、そして「元入金」です。

損益計算書と貸借対照表

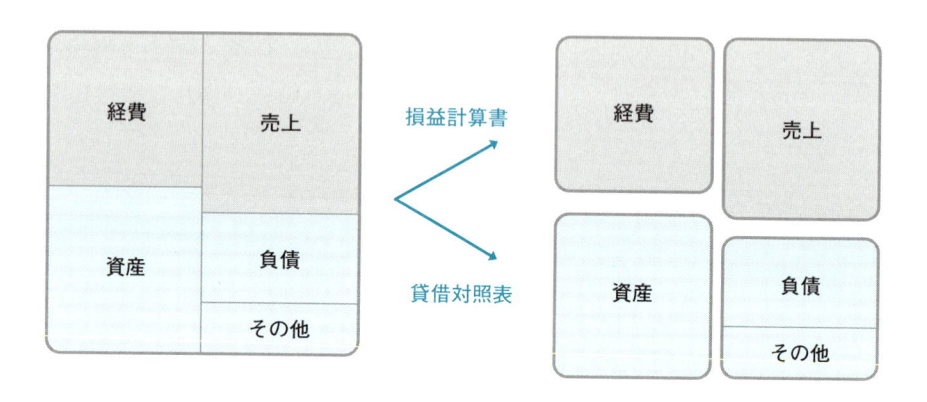

　このように、複式簿記で仕訳をすると、あなたが事業活動で行うすべての取引が、貸借対照表か損益計算書のどちらかに所属することになります。つまり、複式簿記を使うと、自然に損益計算書だけでなく、貸借対照表も作成できるというわけです。

　逆にいえば、貸借対照表があれば「複式簿記を使って、キチンと帳簿をつけている」という証明にもなるのです。

　ぶっちゃけ、貸借対照表に所属する取引とは、「損益計算書とは関係がない取引」と覚えておけば十分です。損益計算書と関係がないということは、

「支出や収入を入力しても、税金の額が変わらない」

　ということ。たとえば、5万円のパソコンを買えば、その分だけ税金は安くなりますが、今年は儲かったからといって、銀行から借りていたお金100万円を一括返済しても、税金が安くなるわけではありません。あたりまえですが、銀行からお金を借りたときに、その分、税金を多く払っているわけではないからです。

個人事業者の貸借対照表はそんなに厳密でなくて OK

「損益計算書はわかったけど、貸借対照表が登場した時点でギブアップ！」かもしれませんね。しかし個人事業者の作る貸借対照表は、とてもかんたんなものでかまいません。

決算書の本などを見ると、会社が作る決算書について書いてあるのが普通です。サラリーマン時代、本を何冊読んでも、決算書の読み方がさっぱりわからず、挫折したという方も、ご安心ください。個人事業者の場合、会社ほど厳密な決算書を作る必要はありません。

株式会社は「出資者と経営者が別」なのが原則。そのため投資家に対して、出資金をどのように使ったか、その結果、会社の価値がどれだけアップしたかを、説明する責任があるのです。余談ですが、この説明責任のことを英語で accountancy といい、「会計」という言葉の語源にもなっています。

そこで会社の場合は、資産をさらに1年以内に現金化できるもの（流動資産）とできないもの（固定資産）に分けて、それぞれの金額がひと目でわかるように表示したり、自己資本の内訳が見えてだれでも分析ができるように、統一的なフォームを作らなければなりません。

一方、個人事業者の場合、そもそも株式とか資本金という概念もないので、貸借対照表といっても、いたってシンプルなものを作成すれば十分なのです。

これだけは覚えておきたい用語

その代わりと言ってはなんですが、個人事業に特有の「事業主勘定」や、「元入金」など、わけのわからない言葉が出てきます。あなたを思考停止に陥れるヘンな日本語ですが、この2つだけは名前と使い方をおぼえてください。特に、事業主勘定は、節税したいあなたにとって、とても重要な役割を果たすものだからです。

「事業主勘定」には、「事業主貸」と「事業主借」とがあります。事業で儲けたお金を、事業主であるあなたに貸したお金が「事業主貸」、事業主であるあなたから借りたお金が「事業主借」です。会社でいえば、「事業

主貸」は「役員貸付金」、「事業主借」は、「役員借入金」です。

　アタマがこんがらがってきたかもしれませんが、ご安心ください。第3章で説明しましたが、「事業主貸」と「事業主借」の違いを覚えたり、freeeへ入力するときに使い分けたりする必要はありません。なぜなら、個人事業者の場合、事業で使うお金とプライベートのお金を区別することなどできないからです。あなたが事業で儲けたお金を、あなたに貸してるのか、借りてるのかを分類するなんて、まったくナンセンスだと思いませんか？どちらか、覚えやすいほうだけ使ってください。

「じゃあ、なんで2つも似たような言葉が出てくるの〜（怒）」

　それはですね、仕方がないのです。この2つの言葉は、税務署から配布される所得税の青色決算書にデフォルトで印字されているので、どの会計ソフトでも標準装備しないわけにはいかないという事情があるのです。

　筆者（原）も開業以来、確定申告をしていますが、ここだけの話、「事業主借」勘定は一度も使ったことがありません。ずっと「事業主貸」勘定ひとすじ20年です（笑）。

「元入金」はソフトが勝手に計算してくれるので、まったく意味がわからなくても大丈夫。かんたんに言うと、これまであなたが稼いできた儲けの合計額だと思ってください。起業して何年もたつと、自然に大きくなるものです。いっぱい稼いだ人は、元入金の額も大きくなりますし、この金額が小さい人は、まあ、あまり稼いでいない人だという程度の知識で十分です。

● column

株式会社と、個人事業どっちがお得？

　本書は、個人事業者向けの青色申告を対象とした本ですが、株式会社などを作って法人化した場合と、個人事業のどちらのほうがメリットがあるのか気になりませんか？

　じつは、筆者（山田）はほぼフリーランスといってもいい事業形態です

が、株式会社という形態を選んで事業を続けています。

　一般論としては、税金の損得のような話で比較されることが多いのですが、実際に9年フリーランスを続けて株式会社を選択したメリットとデメリットの実感をお話しします。

　まず金銭上の損得で、具体的な数字からですが、株式会社にすると、登記に20万円以上、また赤字でも法人住民税を7万円支払う必要があります。経費がそこまでかからない事業形態であれば、「売上でおおよそ、800万円を超えるかどうか」が税金上のメリットが得られる目安になります。しかし、それだけでは割り切れないメリットやデメリットもあるのです。

●設立手続きや、決算がめんどうくさい

　私が株式会社で事業をしていて特に実感したのは、まず登記や、決算などの手続きがかなり大変なことです。決算に関しては、提出する書類の分量が個人事業者よりもはるかに多いです。別表など、たくさんの追加書類を提出する義務があります。これは、慣れないうちは実働時間でも心理的にもかなりの負担でした。ただし、慣れてしまうと、個人事業とたいして変わりません。

●公私混同が少なくなる

　株式会社になると、役員報酬は、毎月決まった金額を支払わなければなりません。好きなときに好きな金額をおろせなくなるわけです。これはけっこうシビアなのですが、おかげで会社と、自分のプライベートの支出との区分けがはっきりして、公私混同が起こりにくくなります。このあたりのお金の整理は、個人事業者よりもラクなくらいです。

●忙しい時に法人化を考えなくてよくなる

　個人事業者で儲かってくると、「株式会社に変えなくちゃ！」というタイミングが訪れます。ところが儲かってくるタイミングというのは事業がすごく忙しいときですよね。そんなときに株式会社に変える手続きを行っ

たり、経費の付け方やいろいろなしくみを変えていくのはすごく大変です。

筆者は、恥ずかしながら赤字の段階から株式会社だったので、忙しくなって黒字金額が大きくなってきたときにはそのままスムーズに仕事に集中でき、事業に支障が出ませんでした。

●規模の大きい取引先との事業がスムーズに

「株式会社で事業をやっていて得だった！」といちばん感じるのはこれです。

私は WEB のマーケティングやコンサルティングをやっているのですが、規模の大きい会社から小さな会社まで、取引先との契約で、こちらの事業規模や形態のせいで取引がスムーズに進まなかったことがほとんどありません。事業を始めて早い段階で一部上場の企業と仕事ができるなど、スムーズに事業を営めました。

会社によっては、個人事業者との取引を敬遠する場合や、契約の判断に入れる場合があるので、かなり大きなポイントです。最近は、会社規模の大小に関わらず相手を評価してくれる企業も増えてきましたが、まだまだ「株式会社」で事業を行っているほうが信用は強いと実感しています。

取引相手の多くが個人相手の事業であれば、この点はほとんど気にする必要はありません。しかし、システム開発や、コンサルティング、デザインなど、1回の取引の金額が大きい事業を営んでいて、下請けではなく、少しでも対等な関係で取引を行いたい場合は、法人化したほうが事業がスムーズに進むでしょう。

▶ 5-2

税金が安くなるわけではない取引をチェック

　青色申告で有利になる点はわかったと思いますが、残念ながらトクする取引だけを処理すればいいわけでもありません。ここでは「税金が安くなるわけではないけど、処理しなければいけない」取引の代表例を見ていきましょう。

入金口座から支出口座への資金移動

　第1章で、「入金口座と支出口座を分けましょう」というお話をしました。ということは、2つの銀行口座でお金を移動しなくてはいけません。この処理はどうすればいいのでしょうか？

　銀行の口座間の資金移動は、文字どおりただのお金の移動で、経費でも収入でもありません。ということで、税金がらみの処理は発生しません。

　freee を利用している場合は、「取引」⇒「取引を登録」⇒「口座・カード振替」から、資金の移動をかんたんに記録できます。

1.「取引」⇒「口座振替」をクリックします。
2. 振替日を入力します。
3.「振替元口座」に入金口座を、「振替先口座」に出金口座を指定します。
4.「金額」を入力します。
　※振替で発生した手数料も同時に登録する場合は、「手数料」欄に金額

を入力します。

⑤「振替」ボタンをクリックします。

資金の移動

生活費を引き出した

　個人事業の場合は、「給与」という概念がありません。売上から経費を引いて、税金を支払った残りは、すべてあなたのもの（所得）になります。

　とはいえ、毎年の所得がいくらになるかは、年度末にならないとわからないわけですが、その間にも、日常の生活費が必要になります。

　この生活費については、「事業主貸」とか「事業主借」という勘定科目（どちらでもOK！）で処理します。こちらも、経費にはならない処理です。要するに、「事業用ではなく、プライベート用にお金を使いましたよ」という意味です。事業用とプライベート用を区別しても、どちらも個人事業者であるあなたのお金であることに変わりはないので、翌年になると事業主勘定は元入金に組み込まれます。

　とにかく、難しいことは考えずに、生活費を振り込んだら、全部「事業主貸」または「事業主借」で処理しておけばOKです。

手動で処理を入力する場合

①「取引」から「取引を入力」を選択します。

②「支出」タブをクリックし、引き落とす口座を選択します。

③「決済」を「完了」にします。

④ 勘定科目は「事業主貸」または「事業主借」を選択します。

⑤ 「取引日」「金額」「品目・部門・メモタグ」「備考」を入力して、「登録」
をクリックします。

自動で経理を利用している場合

① 「取引」から「自動で経理」を選びます。

② 事業用口座の明細の中から、プライベート用口座に振り込んだ明細（出
金の明細）を探します。

③ 編集をクリックして、「勘定科目」を「事業主貸」または「事業主借」
に変更します。

④ 「自動化」にチェックを入れて、「登録」をクリックします。

⑤ それ以降、同じ振込処理は「事業主貸」または「事業主借」として処
理されます。

> # お金が足りなくなって、
> # 自分の貯金から入金したとき

「事業資金が足りなくなって、個人の貯金から今月だけちょっとお金を振
り込もう！」というときがあります。その場合の処理も、「事業主借」で
処理しておけば大丈夫です。事業主からお金を借りるということですね。
とってもかんたんです。

　何度も強調しますが、世界一ラクに確定申告する場合は「事業主貸」と
「事業主借」を区別して使い分ける必要はありません。すべて「事業主貸」
に放り込んでしまってもかまいません。ただしその際、品目タグを利用し
て、以下に分けておくことをおすすめします。

・生活費を引き出したとき
・プライベートな支払をしたとき
・事業用とプライベートの支払を家事按分したとき
・自分の貯金から事業資金を借りたとき
・国民健康保険を支払ったとき

- 国民年金を支払ったとき
- その他利息収入があったとき

手動で処理を入力する場合

1. 「取引」から「取引を登録」を選択します。
2. 「収入」タブをクリックし、入金する口座を選択します。
3. 「決済」を「完了」にします。
4. 勘定科目は「事業主借」または「事業主貸」を選択します。
5. 「取引日」「金額」「品目・部門・メモタグ」「備考」を入力して、「登録」をクリックします。

自動で経理を利用している場合

1. 「取引」から「自動で経理」を選びます。
2. 事業用口座の明細の中から、貯金から振り込まれた明細（入金の明細）を探します。
3. 編集をクリックして、「勘定科目」を「事業主貸」または「事業主借」に変更します。
4. 「自動化」にチェックを入れて、「登録」をクリックします。
5. それ以降、同じ振込処理は「事業主貸」または「事業主借」として処理されます。

高い買い物をしたとき

　非常に高い買い物をしたときの処理も要注意です。高いかどうかの目安は「10万円以上かどうか」で判断してください。

　高額の支払は、一度に費用として処理してしまうと、会計上も課税上も問題が生じてしまうので、まずは「固定資産」として貸借対照表に計上します。

　ひと口に「固定資産」といっても、家具やエアコンなどのように形があ

るものと、パソコンのソフトウエアなどのように形のないものがあります。形があるかないかは、第6章で説明する費用化の方法が少し違いますが、「いったん資産に計上する」という点は同じです。

　個人事業者で高額の買い物としては、車が代表例として考えられます。会計処理としては「車両運搬具」を選べば大丈夫。ただの「車両」や、「自動車」という勘定科目を使ってもかまいません。

　その他、Webクリエイター、デザイナーなどの場合は、Adobe社のIllustratorやPhotoshopのような高額なソフトを購入する場合があります。その場合は「ソフトウエア」という科目を使うのが一般的です。

　パソコンや家電、家具など10万円以上する備品は、「工具器具備品」または「器具備品」「備品」などで処理すれば、だいたいOKです。

　これらの固定資産は、購入時には、いったん貸借対照表の資産として計上し、決算時に減価償却という方法で費用化します。これについては第6章でくわしく説明します。

手動で処理を入力する場合

❶「取引」から「取引の入力」を選択します。

❷「支出」タブをクリックし、出金する口座を選択します。

❸「決済」を任意のものにします。

❹ 勘定科目は「固定資産の購入」の中から「工具器具備品」「ソフトウェア」など適切なものを選択します。

❺「取引日」「金額」「品目・部門・メモタグ」「備考」などを入力して「登録」をクリックします。

自動で経理を利用している場合

❶「取引」から「自動で経理」を選びます。

❷ 買い物をした内容に該当する明細を探します。

❸ その明細の編集を開き、「勘定科目」を「固定資産の購入」の中から「工具器具備品」「ソフトウェア」など適切なものに変更します。

❹「登録」をクリックします。

敷金や保証金を支払った

新しく事務所や店舗を借りる場合には、敷金や保証金を払うのが一般的です。これらの支払いは、一度に高額な金額になることが多く、退去時には返還される可能性も高いので、5つのカテゴリーのうち、「費用」に分類することはできません。

敷金や保証金は、貸借対照表の資産項目である、「差入保証金」や「保証金」「敷金」などの勘定科目で処理しておきましょう。または「その他投資」という科目でもかまいません。

退去時に、現状復帰費用と相殺されて戻ってきたときは、貸借対照表からその科目をマイナス処理します。

ところで、これらの保証金や敷金は、全額が返還されるとは限りません。契約書を見ると、20%を償却するとか、30%を償却するなどと書かれていることがよくあります。戻ってこないお金なので、償却部分をどこかで経費に計上しなくてはなりません。その場合も、いったんは、貸借対照表に資産として計上しておき、決算時に費用化します（第6章を参照）。

個人事業者の場合、住居用のマンションを事務所として借りる場合があります。そういう場合は、敷金だけでなく、礼金を払うケースもあります。

契約を更新するときに、更新料を払う習慣のある地域もあります。これら礼金や更新料は、最初から返還される予定のない支払です。これらの支払は、どのように処理すればいいでしょうか。

その場合は、前項の「高い買い物をした場合」と同じように考えましょう。前項のように目に見える資産を購入した場合と違って、高いかどうかの判断基準が10万円ではなく20万円になります。礼金や更新料の金額が20万円未満の場合には、支払時にそのまま費用として計上し、20万円以上の場合は、いったん資産に計上します。

その場合の科目は、「礼金等」「権利金」「その他の投資」など、あなたの好きな科目を使ってかまいません。その後は、前項と同じように、決算時に「減価償却費」という経費に計上することになります。

敷金の支払い時

「自動で経理」から、該当する出金の明細を「敷金」として登録します。

敷金の支払い時（償却の場合）

1. 「取引の登録」⇒「自動で経理」から該当する出金の明細を確認します。
2. 「カンタン取引登録」タブを選び、右側の「複数行取引」にチェックを入れます。
3. 取引の1行目に、勘定科目「敷金」で償却を除いた額を入力します。
4. 「行を追加」をクリックし、勘定科目「権利金」で償却の額を入力します。
5. 「登録」をクリックします。
6. 「決算」⇒「固定資産台帳」にて、「権利金」について入力します。

礼金の支払い時

1. 「自動で経理」から該当する出金の明細で「権利金」として登録します。
2. 「決算」⇒「固定資産台帳」にて、「権利金」について入力します。

敷金の返還時（原状復帰費用と相殺されたとき）

1. 「取引の登録」⇒「自動で経理」から該当する入金の明細を確認します。
2. 「カンタン取引登録」タブを選び、右側の「複数行取引」にチェックを入れます。
3. 取引の1行目に、勘定科目「敷金」で元の敷金の金額を入力します。
4. 「預り金・支払手数料を追加」をクリックし、追加された行に勘定科目「修繕費」で復帰費用の金額を入力します。
5. 「登録」をクリックします。

自分の所得税や住民税、国民健康保険料を払った

　所得税、住民税、国民健康保険料といった、個人の税金や社会保険料を支払ったときはどうなるのでしょうか。これらは、事業とはまったく関係ない、個人が負担すべき支払になるため、生活費と同様、「事業主貸」または「事業主借」で処理します。

　個人事業でビジネスをしていると、どの税金や保険が、事業にかかったものなのか個人にかかったものなのか、混乱しがちなので、リストにして整理しておくといいでしょう。プライベートのものはすべて「事業主貸」または「事業主借」で処理するだけなので、ズボラなあなたでもかんたんに処理できます。

　個人の税金や社会保険料の中でも、国民健康保険料や国民年金は、確定申告時に税金から控除できる項目なので、後で1年間の合計額が必要になります。そこですぐに数値が取り出せるように「品目」を使って、それぞれをタグ付けし、かんたんに数字が集計できるようにしておくことが、世界一ラクに確定申告をするためのポイントです。

手動で処理をする場合

1. 「取引」から「取引の入力」を選択します。
2. 「支出」タブをクリックし、引き落とす口座を選択します。
3. 「決済」を「完了」にして、勘定科目は「事業主貸」または「事業主借」を選択します。
4. 「取引日」「金額」「タグ」「備考」を入力します。その際「摘要」は「品目」に取引の内容をタグ付けします（「国民健康保険料」「国民年金」「国民年金基金」など）。
5. 必要な情報を入力したら「登録」をクリックします。

自動で経理を利用している場合

1. 「取引」から「自動で経理」を選びます。

② 支出用口座の自動取引の中から、所得税、住民税、国民健康保険料などに該当する取引を探し出します。

③ その取引の編集を開き、「勘定科目」を「事業主貸」または「事業主借」に変更します。

④ 「品目」を利用して、「タグ入力欄」に取引の内容をタグ付けします（「国民健康保険料」「国民年金」「国民年金基金」など）。

⑤ 「登録」をクリックすると、それ以降、同じ振込処理は「事業主貸」または「事業主借」として登録され、自動で「タグ入力欄」にも設定した「品目」が入力されて処理されます。

断りきれずにお金を貸しちゃった……

「カネの切れ目が縁の切れ目」という言葉があるくらい、個人事業者とはいえ一国一城の主となった以上、お金を貸すならあげてしまうぐらいの心意気が必要。しかし、事業を遂行するうえでは、資金を貸さざるを得ない状況に陥ることもあります。

　他人にお金を貸した場合の処理は、これが事業上の貸付金なのか、プライベートな貸付金なのかで、会計処理が違ってきます。

　事業上の貸付金なら、貸借対照表の「貸付金」という項目を使って仕訳をします。その後、そのお金が返済されたときには、その都度、該当する「貸付金」をマイナスしていけばOKです。

　もし、相手から利息をとっている場合には、利息部分は収入に計上しなければなりません。

　プライベートな貸付金の場合は、本来ならプライベート口座から貸し付けるべきですが、「誤って事業用の口座から出金してしまった」という場合、事業とは関係ないことを示すために、「事業主貸」または「事業主借」で処理をします。

　プライベートの場合は、貸借対照表上に残高を表示する必要がないので、返済があったときに会計処理をする必要はありません。まちがっても、

また事業用の口座に返済してもらわないように気をつけましょう。万が一、事業用の口座に返金があった場合には、貸したときと同じように「事業主貸」または「事業主借」で処理をします。

　もし、相手から利息をとっている場合には、事業所得とは別に、「雑所得」として申告することになります。

貸付時（事業用に限る）

「自動で経理」から、該当する出金の明細を「短期貸付金」として登録します。

　※または、「取引を登録」から「短期貸付金」の支出を登録します。

返済時（事業用に限る）

「自動で経理」から、該当する入金の明細を「短期貸付金」として登録します。

　※または、「取引を登録」から「短期貸付金」の収入を登録します。

貸付時（プライベートに限る）

　事業用の口座から貸してしまったら、「自動で経理」から該当する出金の明細を「事業主貸」または「事業主借」として登録します。「取引を登録」から「事業主貸」または「事業主借」の支出を登録してください。

返済時（プライベートに限る）

　事業用の口座に返金があった場合は、「自動で経理」から、該当する入金の明細を「事業主貸」または「事業主借」として登録します。

　※「取引を登録」を使う場合は、何も登録しません。

預金に利息がついてきた！

　預金からの利息は、「分離課税」といって、預金通帳に入金された時点

で、すでに課税されています。事業所得と合わせて申告する必要がないので、これも事業所得とは関係ないことを示すために、「事業主貸」または、「事業主借」で仕訳しておきましょう。イメージとしては、「事業主個人の利息収入を事業用に振り込んだ」という感じで捉えると、わかりやすいかもしれません。

　うっかり「収入」にしてしまうと、課税対象の売上になってしまうので注意です。といっても、預金利息なんて、今は雀の涙なので、ほんのちょっとの影響なんですけどね。

　ただし、預金利息は通帳に入金されてくるので、小さな額でもしっかりと仕訳をしておかないと、通帳残高と実際の預金残高が合わなくなってしまうので、要注意です。

手動で処理を入力する場合

1. 「取引」から「取引の入力」を選択します。
2. 「収入」タブをクリックし、入金する口座を選択します。
3. 「決済」を「完了」にして、勘定科目は「事業主貸」または「事業主借」を選択します。
4. 「取引日」「金額」「タグ」「備考」を入力して「登録」をクリックします。

自動で経理を利用している場合

1. 「取引」から「自動で経理」を選びます。
2. 入金を行う口座の自動取引の中から、預金利息に該当する取引を探し出します。
3. そちらの取引の編集を開き、「勘定科目」を「事業主借」または「事業主貸」に変更します。
4. それ以降、同じ振込処理は「事業主貸」または「事業主借」として処理されます。

所有しているアパートの家賃が入金された

　家賃収入は、事業所得とは別に、「不動産所得」用の決算書を作成しなければなりません。そこで、事業用の通帳に入金された家賃収入は、本業で獲得した売上と区別するために、「事業主貸」または「事業主借」として同期しておきます。

　同じように、アパートの固定資産税や管理費など、不動産収入にかかる経費も、事業用の経費と混ざらないように、「事業主貸」または「事業主借」にまとめてほうりこんでおきましょう。

　マンションを２棟以上持っている場合などは、メモを活用して、物件ごとの収支がすぐにわかるようにしておくことがポイントです。

　家賃収入が銀行に振り込まれた場合、入金の明細が銀行口座にあらわれます。このとき、以下のようにしてください。

①「取引」⇒「自動で経理」から、該当する取引を探します。
② 勘定科目を「事業主貸」または「事業主借」（税区分は「対象外」）にします。
　※メモに、物件の名称を登録しておきましょう（ex: ●●マンション家賃）。
③ それ以降、同じ登録データで処理されます。

風邪を引いたので、医者に行った

　病院に行ったり、薬を買ったお金は、事業の経費にはならないので、原則として freee に登録することがありません。ただし、１年間に使った医療費が10万円を超える場合は、「医療費控除」という税金の控除をうけることができます。

　たとえば、あなたの所得が300万円、年間の医療費が30万円だったとし

ましょう。30万円から10万円をマイナスした残りの20万円を、所得300万円からマイナスした280万円に、税率をかけて税金を計算します。

医療費控除の計算方法

項目	金額	計算根拠
あなたの総所得金額	300万円	－
医療費の額	30万円	－
医療費控除の額	20万円	30万－10万（または総所得の5％）
課税所得	280万円	300万－20万
税金の額	182,500円	280万×0.1－97,500

　このように医療費控除とは、年間にかかった医療費から10万円をマイナスした金額分だけ、税金が安くなる仕組みです。サラリーマンなど、すでに年末調整が終わっている人が医療費控除の申告をすると、必ず医療費の分だけ還付を受けることができます。

　実際のところ、健康な人が、風邪をひいたり、花粉症にかかったぐらいでは、なかなか10万円もの医療費を使うことはありません。それでも、出産をしたり、保険のきかない歯の治療をした場合などは10万円を超える可能性が高いので、花粉症の薬代や風邪薬代を合算すれば、それだけたくさんの還付をうけることができます。

　ちなみに、総所得の金額が200万円未満の人は、医療費からマイナスされる金額が10万円とは限りません。総所得に5％をかけて金額をマイナスした残りが医療費控除の対象になるので、早とちりしないように気をつけてください。

　いずれにしても、1年間の医療費がいくらになるか、終わってみなければわかりません。そこで毎年1月1日になったら、医療費の領収書をためておく引き出しかボックスなどを用意しておき、病院代や薬代の領収書は

ポンポン放り込んでおくよう習慣づけましょう（89ページを参照）。

株式やFXの取引をした

　株式やFXの取引で儲かった場合も、もちろん申告の義務があります。ただし、これらの所得は、「事業所得」とは別に、「譲渡所得」や「雑所得」として計算しなければなりません（第2章を参照）。freeeは事業所得を計算するための会計ソフトなので、これらの取引をfreeeに登録する必要はありません。

　代わりに、箱や引き出しを決めて、証券会社やFX会社から送られてくる月間の取引明細書を保管しておきましょう。「毎月の明細なんて、どっかいっちゃうよ～」というズボラなあなたも、「年間の取引明細書」さえあれば確定申告はできるので、最低でもそれだけは大切に保管しておきましょう。

　ちなみに、株式やFXの取引で損をした場合でも、確定申告をしておけば、翌年以降の儲けと相殺することができます。相殺するためには、損をした年の確定申告を期限内にしておくことが条件です。「赤字だから関係ないや」と、うっかり申告を忘れないように気をつけてくださいね。

自宅のローンを支払った

　自宅のローンは、100％プライベートな支出なので、事業用の経費にはなりません。ローンを返済するときは、プライベート用の口座から支払うようにしてください。SOHOのように、自宅兼事務所として使っている場合でも、自宅にかかる固定資産税や自宅マンションの管理費なども含め、自宅にかかる支払は、やはりプライベート用の通帳を使ったほうが、筆者（原）の感覚的には管理がうまくいきます。

　ただし、自宅を事業用に使っている場合は、管理費などと同じように、

支払利息の一部を経費に入れられます。67ページを参考にしてください。

　ところで、SOHOの場合も、100%居住用として使っている場合と同じように、住宅ローン控除をうけることができます。住宅ローン控除とは、「自宅を購入したり、増改築した人は、年末の借入金の残高に一定の割合をかけた金額を、所得税からマイナスできる」という制度です。

　ただし、だれでも無条件で住宅ローン控除をうけられるわけではありません。たとえば「所得が3,000万円以下でなければならない」とか「自宅の面積は50㎡以上なければならない」などいくつも条件があり、毎年のように改正があるので、近くの税務署か、知り合いの税理士に相談することをおすすめします。

　住宅ローンを借りている人は、10月ごろ、金融機関から残高証明書が届くので、大切に保管しておきましょう。

自宅を売った

　自宅を売ったり、リゾートマンションを買ったりするのも、事業所得とは関係のない取引なので、入出金を freee に登録する必要はありません。万一「事業用の銀行口座に入金しちゃった」という場合には、例の「事業主勘定」を使って処理します。

タグを使って事業主勘定の操作をなるべくラクに

　ここまで読んでいただいたあなたならすでにお気づきだと思いますが、「事業主勘定を使って事業所得の損益計算から外す」取引は、ことのほかたくさんあります。そこで、事業主勘定を使うときは、メモタグを活用して、ほかの「事業主」項目と混ざらないようにしておくのが確定申告でラクするポイントです。

　freee での操作は以下のとおりです。

手動で処理を入力する場合

1. 「取引」から「取引の入力」を選択します。
2. 「支出」ボタンをクリックし、支払に利用する口座を選択します。
3. 「決済」を「完了」にします。
4. 勘定科目は「事業主貸」または「事業主借」（税区分は「対象外」）を選択します。
5. 「取引日」「金額」「メモタグ」「備考」を入力して「登録」をクリックします。

「自動で経理」を使う場合

1. 「取引」から「自動で経理」を選びます。
2. 支払いを行った口座の自動取引の中から、物件の購入に該当する取引を探し出します。
3. 取引の編集を開き、「勘定科目」を「事業主貸」または「事業主借」（税区分は「対象外」）に変更します。

　言うまでもありませんが、不動産を売って「売却益」が出た場合も、確定申告が必要です。売却益とは、「購入したときの金額より高い金額で売れたときの、売却価格と購入価格の差額」のこと。実際の申告では、購入にともなう諸費用や建物の減価償却費なども考慮するのですが、この本では細かい説明は省略します。

　土地や建物などの譲渡所得は、「分離課税」といって、利益を事業所得と別に計算するだけでなく、税金も事業所得と別に計算します。所得がいくつあっても、税金の計算方法が違っていても、最終的に作成する申告書が1枚なのは、第2章で説明したとおりです。

　税金の計算が終わったら、「不動産譲渡所得の内訳書（確定申告書付表兼計算明細書【土地・建物用】）」という、聞くだけでめんどうくさそうな書類を作成します。そして、freee で計算した青色決算書といっしょに確定申告書に添付して、税務署に提出します。

年に一度だけの決算処理を乗り切ろう

売上や経費を、現金主義から発生主義に変更する

決算って？

　第5章まで読んだあなたは、日常のたいていの取引は記帳できるように
なったことと思います。いよいよ最後の仕上げ、決算処理にとりかかりま
しょう。

「決算」となると、「世界一ラク」といえど、どうしても話は少しだけ難
しくなります。しかも、決算は年に一度しかやってこないので、「覚えた
と思ったら、来年はもう忘れてしまう」という厄介なシロモノでもありま
す。

「えー、そんなめんどくさそうこと、パスできないの？」

　いえいえ、年に一度の決算処理は、日々の記帳業務をラクにするためで
もあります。一度やってしまえば、毎年同じことの繰り返しですから、決
して難しくはありません。

　そもそも決算とは、どういうものなのでしょうか。

　確定申告をするためには、1年間の売上と所得を、正確に集計する必要
があります。ところが、実際のビジネスは、税務署の思惑にのっとって、
カレンダーどおりに12月31日で区切りがつくわけではありません。

「12月に依頼を受けて、20日からとりかかったホームページ制作が、年内に終わらずに、年明けの1月10日までかかってしまった」

「12月10日に10台ほど仕入れたパソコンが、翌年の2月になってようやく完売した」

「12月分の WEB コンサル料が1月に振り込まれた」

　などなど、むしろ12月中にケリがつく取引より、年をまたいで続いていく取引のほうが多いでしょう。

　そんなとき、納税者一人ひとりが独自の解釈をして、バラバラに会計処理をしたら、税務署としても収拾がつかなくなってしまいますよね。個人の判断に解釈をゆだねると、たいていの場合、できるだけ税金が少なくなるような方法を考え出すというのも、まあ人情です。

　そこで税務署としても、「平等に課税するためには、統一的なルールを決めなくちゃいかん！」と考えるわけです。そのために、だれが計算しても1年間の所得が同じになるように、いくつかの会計上の約束ごとが取り決められています。

　本書では、その中でも最低限おさえておかなくてはならないルールについてお話ししましょう。

使った翌月、通帳から引き落とされるものはどう処理する？

　第3章では「発生基準」を説明しました。おさらいすると、「現金の受渡しの時点ではなく、取引が発生したときに、売上や経費を計上しましょう」というルールのことです。これによって、どの売上までを今年の売上として認識すべきか、逆にどの経費までを今年の経費として処理していいのか、納税者も迷わなくて済むというわけです。

　手元にある請求書を見てください。電話代も電気代も水道代もガス代も、ほとんどの取引が、これらを実際に使った翌月、通帳から引き落とされていませんか？

発生主義のルールに基づくと、たとえば7月に使った電話代は、本来なら7月に計上しなければなりません。まだ通帳から引き落とされていないので、7月の段階では未払金（freeeでは、「未決済」）という形で入力しておき、8月に実際に支払ったときに、未払金をマイナスする（freeeでは、「未決済」が「完了」になる）というのが、正しい会計処理になります。

「なんじゃそりゃ〜、めんどくさいぞ！（怒）」

　そうですね、年の途中も、すべての取引を発生主義で処理していくと、とてつもなくメンドーなことになってしまいます。
　そこで、期中では現金主義で入力しておき、12月の決算時にだけ、発生主義に頭を切り替えます。上の例でいくと、12月に11月分の電話代が通帳から引き落とされたときは、これを12月分の電話代として同期します。
　しかし、そのままでは本当の12月分の電話代が、未計上になってしまいますね。そこで、決算では1月に手元の届いた分を、12月分の経費として入力します。
　このとき、freeeでは、「未決済の取引」を作成すれば、かんたんに発生主義の処理を行うことができます。12月分の電話代を「未決済の取引」として登録しておき、翌年の1月の引き落としのときには「自動で経理」から「入出金予定とマッチ」によって消し込むだけ。とてもかんたんです。うっかり消し込みを忘れても、freeeのトップページにアラートが出るので、「消し込み忘れ」も起こりません。
　もちろん、すべての細かい取引まで発生主義に直す必要はありません（86ページのコラム「『少額不徴収』と『重要性の原則』を知っておこう」を参照）。ここでは、発生主義の場合の基本的な操作と考え方を身につけるつもりで、まずは読み進めてくださいね。

未払金の計上

❶「取引を登録」にて、「支出」ボタン⇒「未決済」ボタンをクリックします。

❷ 該当する勘定科目や摘要を入力して、登録します。

過去の未払金をマイナス（すでに freee で登録されている場合）

「自動で経理」から、該当する未払の経費の出金明細にて「入出金予定とマッチ」から登録します。

> ## 未収金で気をつけたい2つのケース

　未払金の反対は、未収金です。これは第3章でも説明しましたが、大事なことなので、ここでもう一度おさらいしておきます。

　freee で請求書を作成している場合、決算時の未収金については自動的に登録されているので特に意識する必要はないのですが、次の場合には注意が必要です。

❶ 期中は入金されたときにだけ現金主義で売上を認識し、決算で未収金を計上するケース

❷ 期中も発生ベースで売上を計上しているのだけれど、12月中に請求書を発行しなかったので、追加で未収金を計上しなければならないケース

　freee では、①の場合、決算時だけ同様に「未決済の取引」を作成します。②の場合は、12月を発生日として、請求書を作成すれば問題ありません。

未収売上の計上（請求書の作成を利用していれば必要ありません）

・「取引の登録」にて、「収入」ボタン⇒「未決済」ボタンをクリックします。

・該当する勘定科目や摘要を入力して、登録します。

過去の未収金をマイナス（すでに freee で登録されている場合）

「自動で経理」から、該当する未収売上の入金明細にて「入出金予定とマッチ」から登録します。

> ## すでに現金を払っているのに、
> ## サービスを提供してもらってない場合は

　ところで、ビジネスの現場では、電話代や電気代のように、取引のあとで現金が動くケースがすべてとは限りません。発生主義とは、現金の受渡しとは関係なく、売上や費用を認識することでした。すると、「すでに現金を払っているのに、まだサービスを提供してもらってない」というケースが考えられます。代表例は、家賃の支払。たいていの場合、「家賃は前月末までに前払」という契約が多いからです。

　そういう場合は、すでに通帳から支払ったときに、同期処理がされているので、決算でそれを今年の経費からマイナスする処理をします。そして2年目以降の決算で、いったんマイナスした経費を、翌年の経費として認識させてあげなければなりません。

　決算処理では、「前払費用」という言葉を使って、次の処理をセットで行ってください。

❶ 今年、先に払った費用を、前払費用に振り替える
❷ 去年の決算処理でマイナスした前払費用を今年の経費として計上する

　freee では、次のように振替伝票の機能を利用します。

❶「決算」⇒「振替伝票」をクリックします。
❷ 発生日を「12/31」とします。
❸ 次のように入力します。
　（例）
　・1行目　⇒　勘定科目：前払費用　借方金額：ｘｘｘ円

・2行目　⇒　勘定科目：地代家賃　貸方金額：ｘｘｘ円

> ## まだサービスを提供していないのに、
> ## 先にお金をもらう場合は

では、いくつもの物件を持つアパートの大家さんだったら、上記の処理はどうなるでしょうか？

取引の現場では、「まだサービスを提供していないのに、先にお金をもらう」というケースも、多々考えられます。

そのような場合は、通帳にお金が入金された時点、または請求書を発行した時点で、freee が自動同期され、売上が計上されているはずです。

そこで決算では、これらの金額を今年の売上からマイナスする処理をしなければなりません。そして2年目以降の決算で、いったんマイナスした売上を、翌年の売上として認識させてあげればいいのです。

決算処理では、「前受収益」という言葉を使って、次の処理をセットで行ってください。

・今年、すでに計上済の売上を、前受収益に振り替える
・去年の決算処理でマイナスした前受収益を今年の売上として計上する

freee での操作は以下のとおりです。

❶「決算」⇒「振替伝票」をクリックします。
❷ 発生日を「12/31」とします。
❸ 次のように入力します。
　（例）
　　・1行目　⇒　勘定科目：売上高　　借方金額：ｘｘｘ円
　　・2行目　⇒　勘定科目：前受収益　貸方金額：ｘｘｘ円

期ずれの注意点

　今年の経費が来年の経費になったり、来年の経費が今年の経費になったりすることを「期ずれ」といいます。

　本来、事業とはカレンダーに関係なく、継続していくものです。ぶっちゃけ、税務署のお役目は税金を正確に（たくさん!?）とること。あなたがズボラをして今年の経費が来年に持ち越していたとしても、その分だけ今年の利益が増える、つまり税金がそれだけ多くなるだけです。税務署は、そういう場合の経費に関する期ずれには、文句を言いません。

　ただし、来年の経費が今年に計上されているとなると、話が違うので気をつけてくださいね。今年の利益が少なくなり、その分だけ税金も少なくなるからです。とくに売上の期ずれは、大騒ぎです。今年の収入にすべきものが、今年の収入に計上されていないと、税務調査で大変な目にあいます。もし、これが意図的に売上を除外したとみなされたら、「重加算税」という重い税金がかかるので、要注意です（213ページを参照）。

売上と費用を対応させる

だれが計算しても同じ数字にならないことが

　確定申告には、もう 1 つ大事なルールがあります。それは、「今年の売上に対応する経費だけを、今年の経費にしましょう」という考え方です。これを、「費用収益対応の原則」といいます。

　事業はいったん始めたら、5 年、10 年というスパンで何年も続いていきます。しかし確定申告では、無理やりカレンダーで区切って、1 年間の利益を計算しなければなりません。専門用語を使うと、この 1 年間の利益は「期間損益」といいます。

　だれもが同じルールにのっとって、正確な期間損益を計算するための約束ごととして、「発生主義」という考え方がありました。ところが発生主義の原則だけでは、だれが計算しても同じ数字になるわけではないケースも出てくるのです。

　たとえば、あなたがパソコンショップを経営しているとしましょう。お店の棚には、たくさんの商品が並んでいます。それらの商品を購入したのは、いつのことでしょうか。もちろん、今年に買ったものがほとんどでしょうが、去年に仕入れた商品、もっと以前に購入したきり売れずに残っている商品もあるはず。または、今年に仕入れたのだけれど、今年中には売れそうもなく、来年まで持ち越しそうな商品もあるでしょう。

　そういう場合、発生主義のルールにのっとって期間損益を計算すると、

不都合が生じてしまうのです。

売れ残っているものの仕入代金は、今年の経費にはできない

　次の例で見てみましょう。計算をかんたんにするために、パソコンの仕入価格を1台6万円、売値を10万円とします。

・去年から残っているパソコンが1台
・今年、仕入れたパソコンが10台
・今年、9台のパソコンが売れた
・残っているパソコンは2台

　これを、発生主義の原則だけで計算したら、今年の利益はいくらになるでしょうか？

・売上　⇒　10万円×9台＝90万円
・仕入　⇒　6万円×10台＝60万円
・利益　⇒　90万円－60万円＝30万円

　期間損益は30万円になるので、あなたは30万円に対する税金を支払うことになります。
　このとき、賢明なあなたはアタマを働かせるでしょう。

「今年のうちに、もっといっぱい仕入れたら、税金がかからないのじゃないか？」

　と。そこで、12月にさらに10台のパソコンを買うことにしました。これで今年の仕入の合計は120万円、利益がマイナスの30万円になりました。

・利益　⇒　90万円（売上）−120万円（仕入）＝−30万円

　なんと期間損益は、30万円の赤字に。

「これなら税金もかからないし、どうせ早めに仕入れたパソコンは来年も売れる。オレって頭いい！」

　というわけにはいかないのが税金の世界です。
　こういう場合、税務署はこう考えます。

「6万円で仕入れたパソコンを10万円で売っているのだから、1台あたりの利益は4万円。今年売れたのは9台だから、今年の利益は36万円だな」

　これを計算式に書くと、次のようになります。

・売上　⇒　10万円×9台＝90万円
・仕入　⇒　6万円×9台＝54万円
・利益　⇒　90万円−54万円＝36万円

　つまり、「売れ残っているパソコンの仕入代金は、今年の経費にはできない」のです。これが、費用収益対応の原則です。

今年分の仕入を正しく計算するには

　では、この場合はどのように処理すればいいのでしょうか？
　答えは以下のとおりです。

・今年の1月1日に残っていたパソコン
　⇒6万円×1台＝6万円

・今年、仕入れたパソコン

　⇒ 6 万円×10台＝60万円

・12月31日に残っているパソコン

　⇒ 6 万円× 2 台＝12万円

・今年の売上に対応する経費

　⇒ 6 万円＋60万円－12万円＝54万円

「わー、大変そう……」と心配しなくても大丈夫。freee では「在庫棚卸」機能を使えば、今年分の仕入を正しく計算できます。

　ただし freee を利用を開始した年度のみ、ちょっと注意が必要です。今年の 1 月 1 日時点で残っている在庫の額があれば、「設定」⇒「開始残高」に商品として登録してください。

①「決算」⇒「在庫棚卸」をクリックします。
②「新しい期末処理を入力」をクリックします。
③「決算時」をクリックします。
④ 12月31日に残っている在庫の金額を入力し、登録します。

　これを、毎年繰り返せば OK。かんたんでしょ！

高い買い物を費用化する（減価償却費）

資産をどこかのタイミングで経費として計上する

　費用収益対応の原則は、決算処理でいたるところに顔をのぞかせます。本来なら脈々と続く経済活動を、人間の都合で無理やり1年に区切るのですから、そのためのルールとして、幅をきかせているわけです。

　第5章で、「10万円以上の高額の買い物をしたときは、資産に計上しなければならない」と説明しました。つまりあなたが購入した車やエアコンなど高額なものは、いま貸借対照表の資産に計上されている状態です。

　しかしもちろん、これらの資産は、何らかの形で売上に貢献することを期待して購入したものばかり。今、貸借対照表に計上されている資産を、どこかのタイミングで経費として計上する必要があります。経費に計上できなければ、それだけ利益が増えて、税金も増えてしまうからです。

　そのときの統一ルールとしても、費用収益対応の原則が使われます。

　たとえば、今年300万円のサーバを購入した場合を想定してみましょう。あなたは、このサーバを5年間は使おうと見込んでいます。サーバを設置したことで、年間200万円の売上がアップすると期待もしています。サーバは5年間使用できるので、トータルで1,000万円の売上増になります。

　サーバは今年購入したものなので、発生主義の考え方からすると、サーバ代金300万円は、今年の経費に入れることができます。しかし300万円を一気に今年の経費にすると、次のような不都合が生じます。

300万円を一気に今年の経費にした場合

	1年目	2年目	3年目	4年目	5年目
売上	200万円	200万円	200万円	200万円	200万円
経費	300万円	0円	0円	0円	0円
利益	-100万円	200万円	200万円	200万円	200万円

　あなたとしては、300万円をサーバに投資して、5年間で1,000万円のリターンを得るのだから、最終的には700万円の儲けということになります。
　しかし、発生主義の考え方を使って、最初の1年目に300万円全額を経費に算入すると、最初の1年目だけが赤字になってしまいました。これでは、毎年の正しい期間損益が計算できません。
　そこで、次のように考えます。

300万円を5年間で按分して経費に算入した場合

	1年目	2年目	3年目	4年目	5年目
売上	200万円	200万円	200万円	200万円	200万円
経費	60万円	60万円	60万円	60万円	60万円
利益	140万円	140万円	140万円	140万円	140万円

　どうです？　サーバの購入費用300万円を、5年間で按分して経費に計

上すれば、毎年の費用と収益を正しく対応させることができました。

このように、いったん貸借対照表に計上した資産を、その資産が売上に貢献している年数で按分して費用にすることを「減価償却」といいます。

「売上に貢献する期間」はどう決まる？

「売上に貢献する期間って、どうすればわかるの？　自分で勝手に見積もっていいの？だったら、できるだけ短く設定すればいいんだよね？」

いい質問ですね。賢いあなたなら、何とか税金を安くするために、できるだけ短い年数で按分したいと考えるでしょう。

税務署も、そんな納税者の気持ちは、ちゃ～んとお見とおし。一人ひとりが勝手に按分する年数を決めてしまうと課税上の不公平が生じてしまうので、資産の種類ごとに按分する期間を決め、一覧表にして公開しています。税務署が決めた売上に貢献する期間のことを「耐用年数」といい、この一覧表のことを「耐用年数表」といいます。

・おもな減価償却資産の耐用年数表

https://www.keisan.nta.go.jp/survey/publish/52714/faq/52788/faq_52831.php

会計の世界では、資産を按分して毎年少しずつ経費にすることを「減価償却」、毎年経費に計上される金額のことを「減価償却費」といいます。難しい言葉ですが、ここはがんばってついて来てくださいね。

あなたは、この耐用年数表からいちばん近い資産を探し、そこに記載されている年数で按分して、減価償却費を計算するだけ。「何年で償却すべきか」など、一人で悩む必要はありません。

ちなみに、減価償却の方法は２種類あります。本書で説明した例のように、資産に計上した金額を均等に按分して費用に計上するやり方を「定額

法」といいます。この方法は計算がかんたんなので、世界一ラクに確定申告するためには、こちらをおすすめします。

取得価額×償却率（1／耐用年数）

減価償却のもう1つの方法「定率法」について

　減価償却のもう1つの方法は、「定率法」といいます。耐用年数ごとに決まっている割合を、貸借対照表に計上されている金額（帳簿価格）にかけて、毎年の減価償却費を計算する方法です。

　この方法を使うと、償却期間のうち、早い段階で経費にできる金額が大きくなります。そのため、「少々計算がめんどうでも、できるだけ前倒しして節税したい」という人に向いています。

　ただし、建物を購入した場合や、ソフトウェアなど無形固定資産を買った場合、また礼金や保証金の返還されない部分などを償却するときは、定率法は使えないので、注意してくださいね。

　定率法の計算方法は以下のとおりです。

　未償却残高×償却率

　ただし、定率法により計算した償却費が、償却保証額を下回る時点で、償却方法を定率法から定額法に切り替えて計算します。

　さらに、定率法を使って減価償却費を計算するためには、税務署にその旨の届出をしなければなりません。届出書は、下記の URL からダウンロードすれば、かんたんに手に入ります。

・所得税の減価償却資産の償却方法の届出書
　http://www.nta.go.jp/tetsuzuki/shinsei/annai/shinkoku/pdf/18.pdf

　届出書を印刷したら、「償却方法」の欄に「定率法」と書き、3月15日

までに最寄りの税務署に提出しましょう。3月15日を過ぎてしまったら、その翌年からの適用になるので、注意してください。電子申告の届出が終わっている人は、インターネットからボタン1つで提出できます。

　ちなみに、定額法で計算する場合は、なにも提出する必要がないので、やっぱりラクちんですね。

freee で減価償却を処理するには

　決算でだれもがつっかかるポイントが減価償却費。何とか理解していただけたでしょうか？

　償却する年数と、方法が決まったら、freee で次のような手順で入力してください。

① 「決算」⇒「固定資産台帳」にて、取得した固定資産（または、前期より保有していた固定資産の情報）を登録します。
② 償却方法と耐用年数、期首残高等が入力されれば、減価償却費は自動的に登録されます。

　自動車のように、固定資産の一部を事業で利用している場合は、以下のように、固定資産台帳の登録の際に事業利用比率を入れておけば、自動的に計算されます。

① 「決算」⇒「固定資産台帳」をクリックします。
② 固定資産の情報を記入します。
③ 事業利用比率（不動産を貸している人は「貸付割合」、ものづくりの人は「製造業利用割合」）を設定します。

いつまでたっても入金されない未収金を処理する

貸倒れになりそうな金額を見積もるだけで経費になる？

　事業をやっていてかなり高い確率で発生するのが、「いつまでたっても入金されない未収金」。もし、来年以降入金される確信があるのでしたら、「売掛金」または「未収金」のままにして、決算を完了すればOKです。

　しかし、「これは、どう考えても入金される可能性がないぞ……」という未収金に関しては、何らかの方策を考えなくてはいけません。現金が入ってこないのに収入として計上されたままになっているのは、資金繰りのうえで、とてもキビシイことになるからです。手元にキャッシュが入ってこなくても、発生主義のルールに従って、税金だけは先に払わなければなりません。

　実際のところ、手元資金が潤沢にある中小企業など、世の中に存在しないと言っても過言ではないでしょう。資金繰りが苦しくなると、口うるさい取引先から先に払ってしまうのも、人情というものです。

　まず、約束どおり払ってくれない取引先に対しては、間髪を入れず、強い口調で入金依頼をかけましょう。内容証明書を出すだけで、あわてて払ってくれる場合もあります。確実に未収金を回収するまで、最大限の努力をするのが最優先です。

　それでも、長いことビジネスをしていたら必ずと言っていいほど発生するのが、いわゆる「貸倒れ」。税務署では、将来起こりうる貸倒れの可能

性にそなえて、「引当金（ひきあてきん）」という経費を認めてくれています。

「わ！　なんだか、また読み方のわからない難しい言葉が出てきたな〜」

　と思ったかもしれません。減価償却費と並んで難しいのが、この「引当金」というシロモノです。減価償却費も引当金も、実際のお金の授受を伴わない「机上の経費」という点で似ています。なかなか実感としてつかめないのも仕方ありません。でも、できるだけやさしく説明しますので、安心してくださいね。

「引当金」とは、今はまだ発生していないけれど、将来において確実に発生すると見込まれる支出のうち、今年の売上に対応する経費のこと。引当金は、その支出が発生する原因が今年にあって、その金額を合理的に見積もることができる場合に限り、今年の経費として計上することができます。つまり引当金も、正しい期間損益を計算をするため、費用収益対応の原則に基づいて行われる決算処理の1つなのです。

引当金のイメージ

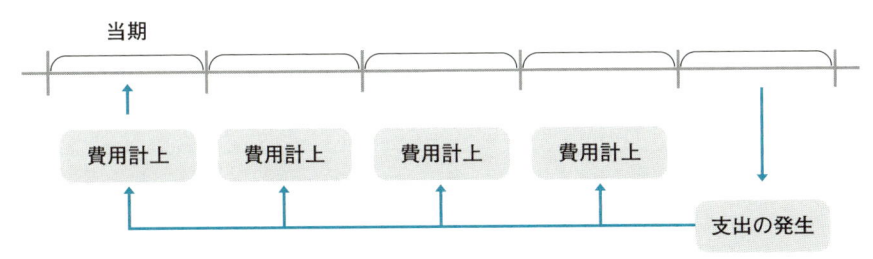

将来発生が見込まれる支出のうち、
当期の売上に対応する部分を
費用として計上する

　しかし、税務署は「引当金」という経費を全面的に認めているわけではありません。なぜなら、引当金は、合理的に金額を見積もるとはいっても、

「だれに、いつ、いくら払うのか」が確定していないからです。税務署にとっては、引当金がその性質上もっている「見積もり」という要素が気に入らないのです。

　なので、税務署がしぶしぶ認めている引当金は、「貸倒引当金」1つだけ。貸倒引当金とは、「売掛金」や「未収金」のうち、回収できないかもしれない一部を、今年の経費に計上しましょうというしくみです。

　これは、青色申告を選択している人にしか認められていません。「青色申告をしている人は、ちゃんと帳簿をつけているはずだから、貸倒れになりそうな金額もきちんと見積もれるに違いない」というわけです。

　めんどうくさそうな説明が続きましたが、処理としては、12月31日に貸借対照表に残っている「売掛金」や「未収金」または「貸付金」に、一律5.5%の割合をかけるだけです。

　意外とかんたんでしょう？

　freeeでの操作はこんな感じです。

1. 「決算」⇒「確定申告書類の作成」をクリックします。
2. 青色申告決算書の編集画面にて、貸倒引当金の入力欄を開きます。
3. チェック項目の一覧のアクションにて、「貸倒引当金繰入額の計算」をクリックします。
4. 「貸倒引当金繰入対象額のインポート」をクリックします。
5. 数値にまちがいがなければ「保存」します。

もし、回収できそうにない未収金がたくさんあったら

「え〜、たったの5.5%しか認められないの〜？　だって、取引先が逃げちゃって、全然回収できそうもない売掛金がいっぱいある場合はどうすればいいの？」

　はい、そういう場合には、回収できそうもない特定の未収金や売掛金に、

たとえば50％の割合をかけて、貸倒引当金を計算することもできます。このように、ある特定の未収金にだけ高い割合をかけることを「個別評価」といいます。

　しかし、個別評価は、あなたの主観で決めることはできません。「あの親父、何回催促しても払わないんだよな〜、腹が立つ!!」という程度では、個別評価の計算はできないので、注意してくださいね。

ついに回収不能になってしまった場合

「いろいろと回収の努力をしたけれど、どうしても入金されない」というケースも、現実には考えられます。その場合は、どうすればいいのでしょうか？

　回収できない未収金は、「貸倒損失」という経費に落とします。入金されないことが確実になった収入にまで税金をかけるほど、税務署はあくどいお代官様ではありません。税金の世界では、民法の「時効」という考え方はないので、該当する未収金が何年前に売上として計上されたものでも大丈夫です。何年前の売上でも、いったん収入に計上されて払った税金を、今年「貸倒損失」に計上することで、取り戻せるというわけです。

　しかし、これもすべての貸倒れが、経費として認められるわけではありません。「何度催促しても払ってくれないし、あいつ、顔を見るだけで腹がたつから、もーいいや」、という程度では、とうてい貸倒損失としては認められません。貸倒損失を安易に認めてしまったら、賢明な皆さんのことですから、「何回も催促すると時間も経費もかかるから、さっさと貸倒損失に計上して、税金だけでも取り戻しちゃえ」となるに違いないからです。

　そこで、税務署が認める「回収不能が確定したケース」は、以下のようにとても限定的なものに限られています。

貸倒損失の計上が認められる場合

種類	内容	経費にできる金額
法律上の貸倒れ	法律上の手続きによる場合	法的な切り捨て額
	私的整理の手続きによる場合	合理的な基準による切り捨て額
	債務者の債務超過状態が相当期間継続し、弁済不能である場合	12月末までに書面で通知した債務免除額
事実上の貸倒れ	債務者の資産状況、支払能力等から、その全額が回収できないことが明らかとなった場合	全額。ただし担保物がある場合には、その処分後
形式上の貸倒れ	継続的な取引を行っていた債務者の資産状況などが悪化したため、取引停止した場合に、「取引停止の日」または「最後の弁済の日」のうち、最も遅い日から1年以上を経過したとき	売掛債権から、備忘価額として1円をマイナスした残額。ただし、担保物がある場合は適用できない
	支払いを督促しても、支払ってもらえず、相手が遠隔地などの理由で、取立費用のほうが、売掛債権の総額よりも多くなる場合	

　これを freee で処理するときは、いったん取引を完了として、貸倒れを登録します。freee のくわしい手順は以下の URL をご覧ください。

https://support.freee.co.jp/hc/ja/articles/202847410

消費税の処理はどうする

2年前の売上が1,000万円以下ならば申告免除

　私たちは、お店に行って商品を購入したり、サービスの提供を受けたりしたとき、本体価格とは別に消費税を支払います。こうして支払われた消費税は、商品を販売しているお店や会社から、国（と地方公共団体）に納付されます。つまり、消費税を負担するのは私たち消費者ですが、消費税の納税義務者は、会社やお店を経営する個人事業者、つまりあなたなのです。

　個人事業者は、最低でも年に1回、売上時に預かった消費税から、経費などといっしょに支払った消費税をマイナスし、その差額を申告・納税しなければなりません。

　ただし、原則として2年前の売上が1,000万円以下の小規模な個人事業者は、消費税の申告や納税が免除されています。これには例外があって、去年の1月から6月までの売上（または給与などの支払総額）が1,000万円を超えてしまうと、たとえ2年前の売上が1,000万円以下であっても納税義務が免除されないので、注意してくださいね。

免税事業者の判定

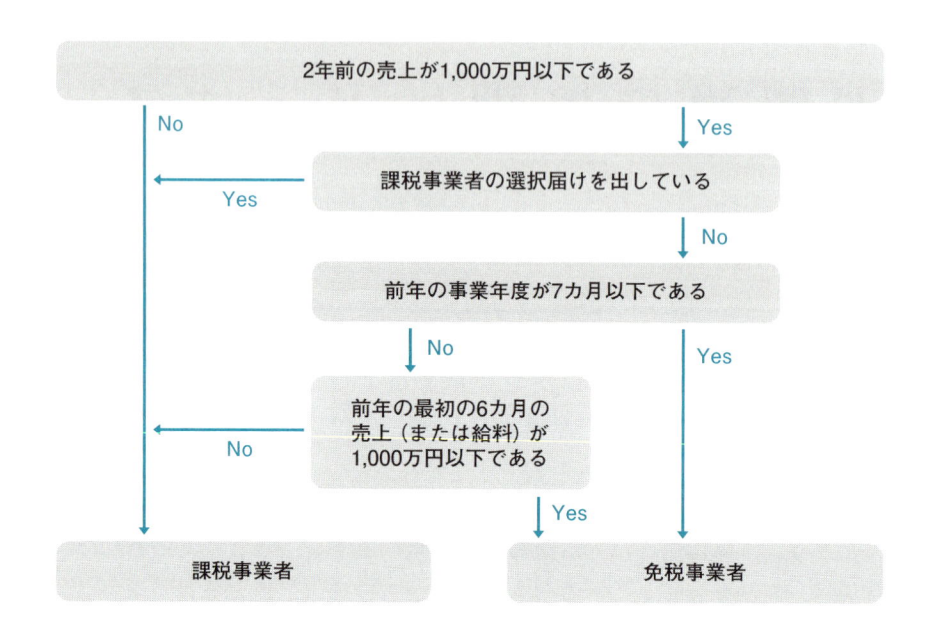

消費税の課税期間は、所得税と同じ1月から12月なので、freee を使って消費税のコードを入力すれば、自動的に納付すべき消費税を計算できるのでラクちんです。ただし、なぜか所得税の申告期限が3月15日なのに、消費税の申告期限は3月31日です。しかし、消費税の申告期限が少しばかり遅いからといって、別々に申告する必要はありません。3月15日に、所得税と消費税の申告を一度に済ませてしまうことをおすすめします。

2年前の売上が5,000万円以下ならばかんたんにできる方法が

消費税は、売上げたときに預かった税金から、経費などといっしょに支払った税金をマイナスして、税務署に納めるのが原則。しかし、世の中には、火災保険料や印紙代などのように、消費税がかからない取引もあります。国が決めた、おもな非課税取引は、次の表のとおりです。

消費税が非課税になるもの

1	土地の譲渡および貸付け
2	有価証券等の譲渡
3	銀行券、紙幣、硬貨、小切手、約束手形などの譲渡
4	預貯金の利子および保険料など
5	郵便切手類、印紙などの譲渡、地方公共団体などが行う証紙の譲渡
6	商品券、プリペイドカードなどの譲渡
7	登記、登録、特許、免許、許可、検査、検定、試験、証明、公文書の交付など
8	外国為替業務に係る役務の提供
9	健康保険法、国民健康保険法などによる医療、労災保険、自賠責保険の対象となる医療など
10	介護保険法に基づく保険給付の対象となる居宅サービス、施設サービスなど
11	社会福祉事業などによるサービスの提供
12	助産に関するサービスの提供
13	火葬料や埋葬料を対価とする役務の提供
14	義肢、盲人用安全つえ、義眼、点字器、人工喉頭、車いす、改造自動車などの身体障害者用物品の譲渡、貸付け、製作の請負およびこれら身体障害者用物品の修理など
15	学校教育
16	教科用図書の譲渡
17	契約において居住の用に供することが明らかな住宅の貸付

　というわけで、1年間のすべての取引について、

「はたして消費税のコードが合っているのか」
「これは消費税がかかる取引か」、「非課税の取引か」
「消費税込みの金額か」、「消費税抜きの金額か」

　を、領収書1枚ずつチェックして会計処理する必要があります。しかも、平成26年4月から消費税率が8％にアップしたので、この取引は旧税率か新税率かなんてことまで、気にしなければなりません。

「ひえ～、それって、ものすごくメンドー！」

　そのとおりです。でも、ご安心ください。

　起業したばかりで、「やっと売上が1,000万円を超えたぜー」という小規模な事業者の負担を軽くするために、「簡易課税制度」というかんたんな計算方法があるのです。簡易課税制度とは、２年前の売上が5,000万円以下の会社や個人事業者に限り、売上にかかる消費税から、業種ごとに「みなし仕入率」を用いて計算した金額をマイナスして、消費税を計算しましょう、という制度です。「２年前」というところがミソなので、まちがえないようにしてくださいね。

　具体的な計算方法は次のとおりです。

納付すべき消費税
＝売上にかかる消費税―（売上にかかる消費税×みなし仕入率）

そして、簡易課税を選択した場合のみなし仕入れ率は、次のとおりです。

簡 易 課 税 を 選 択 し た 場 合 の み な し 仕 入 れ 率

区分	業種	みなし仕入率
第一種	卸売業	90%
第二種	小売業	80%
第三種	製造業など	70%
第四種	飲食業・その他の事業	60%
第五種	金融保険業※・運輸通信業・サービス業	50%
第六種※	不動産業	40%

※平成27年４月１日に開始する課税期間（個人事業主の場合は平成28年１月１日～12月31日）から適用される

どうです？　世界一ラクする確定申告のためにあるような、かんたんな制度じゃありませんか？

簡易課税を選択すると、freee に入力するときも、消費税のことを気にしなくて済むので、ズボラなあなたにおすすめです。

「でも、簡易課税とそうでない方法のどっちがラクかはともかく、どっちかを選んだほうが税金が安くなるってことはないの？」

ご指摘のとおり！

少しでも税金を安くしたいのは、みな同じ。もちろん、原則的な計算方法か、簡易課税方式、どちらの方法を使えば税金が安くなるかのシミュレーションをして、有利と思える方法を選択することができます。ちなみに平成27年から、みなし仕入率区分が一部変更になります。シミュレーションの際は、気をつけてくださいね。

簡易課税を選択する場合は、前年の12月31日までに、「簡易課税制度選択届出書」を所轄の税務署に提出しなければならないので、忘れないようにしてくださいね。ただし、新規に事業を始めた個人事業者に限っては、最初の年の12月31日までにこの届出書を提出すれば、1年目から簡易課税制度を選択することができます。

・簡易課税制度選択届出書
http://www.nta.go.jp/tetsuzuki/shinsei/annai/shohi/pdf/1461_pdf/1461_13.pdf

簡易課税制度を選択する場合の2つの注意点

簡易課税制度を選択する場合の注意点を2つほど。

まず1つは、一度、簡易課税制度を選択すると、2年間は原則的な方法に戻れません。

２つ目は、多額の設備投資などをして、経費にかかる消費税が売上にかかる消費税を上回った場合でも、簡易課税制度では実額が反映されず、還付が受けられなくなります。

　簡易課税を選ぶには、前年の12月末までに届け出をしなければならないので、長い目で見てどちらが得か、長期的なシミュレーションが必要だということになります。

　freee は、消費税の課税方式すべてに対応しています。

　ホーム画面の「設定」⇒「詳細設定」タブの「年度毎の設定」メニューにある消費税関連メニューから、消費税の計算方式を選択できます。

事業所の設定

消費税の計算方式を選択

以下から好きなものを選択できます。

・**免税**
・**簡易課税**
・**本則課税（個別対応方式）**
・**本則課税（一括比例配分方式）**

　個人事業者のあなたは、免税条件に合致しているなら「免税」に、世界一ラクしたければ「簡易課税」をクリックすれば OK です。

「節税にこだわりたい！」

　という人は、本則課税と簡易課税のどちらが得かをシミュレーションしてから、トクな（と思われる）方法を選択しましょう。

「ちょっと待って！『個別対応方式』とか『一括比例配分方式』って、意味がわからんぞー？！」

　たしかに（笑）。でも、この２つの計算方法はどこが違うのか、なんにも考える必要はありません。「原則課税を選択したら、計算方法が２種類あるんだなー」という程度の認識で十分です。
　そして計算が終わったあと、それぞれのボタンを押して、どちらの消費税が安くなっているかを比べてみましょう。どちらか安いほうを選んで申告するだけで OK。
　簡易課税を選択するときのように、前の年の12月31日までに届出書を提出する必要はありません。ただし、一括比例配分方式を選択した場合は、２年間は同じ方法を選ばなくてはいけないという縛りがあるので、そこだけ注意してくださいね。

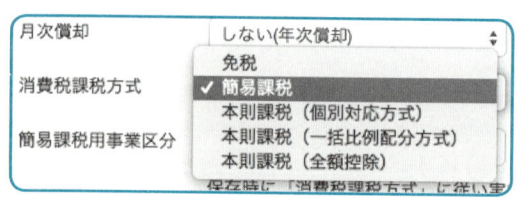

簡易課税を選択する

「簡易課税」を選択していたら、ここで「簡易課税用事業区分」を選択します。あなたの事業に該当する区分を選びましょう。

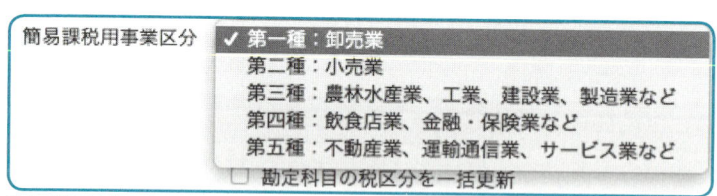

簡易課税用事業区分を選択（平成27年度以降区分が変更されます。詳細は196ページを参照してください）

「オレはWEBコンサルだけど、ネットでパソコンも売ってるし」

という人は、第二種と第五種の2種類の業種を利用することもできます。

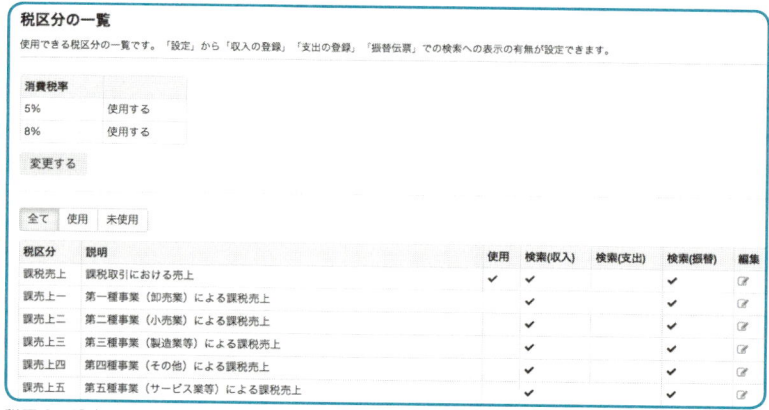

税区分の設定

①「設定」⇒「税区分の設定」から、それぞれの業種用の税区分の「使用」
　にチェックします。
②　それぞれの「取引」に、その税区分を登録します。

「消費税経理処理方法」で「税抜経理」を選択すれば、決算書や元帳が売
上や経費から消費税額を抜いた表示になります。
「免税」の人や「簡易課税」を選んだ人は、「税込経理」で処理をします。
「原則課税」を選択した人は、何も考えず、「税抜経理」を選びましょう。

「税抜経理」を選ぶ

　消費税端数処理方法も、「切り捨て」「切り上げ」「四捨五入」などあって、
選択できるようになっています。しかし、「どれが一番トクか」なんてシ
ミュレーションしても、世界的規模で活躍しているグローバル企業でもな
い限り、ぶっちゃけ税額にたいした違いはありません。世界一ラクに確定
申告したいならば、さっさと「切り捨て」を選択しちゃいましょう。

「切り捨て」を選択

● column
「消費税の簡易課税」の届け出はものすごく大切！

　筆者（山田）が「税金関係で失敗した！」という経験の中でも特に大き
なものの1つが「消費税の簡易課税」の届け出です。本文でも触れていま
すが、消費税は「簡易課税」と「原則課税（法律用語やfreeeの画面では「本
則課税」）」を選ぶことができますが、この課税方式の選択で、場合によっ

ては消費税の金額が大きく変わってきます。

さらにおそろしいのが、「簡易課税」は去年のうちに届出書を出さないと適用されないことです。筆者は、決算時に初めて消費税を支払う際に、「簡易課税の届出書」を出していないことに気がつきました。しかも計算してみると、「簡易課税」のほうが明らかに税金が安い……。いったいいくら損したのでしょうか。なんと、20万円以上です！　けっこう大きい金額ですよね。

そのとき、もっとおそろしいことに気がつきました。

「簡易課税の届け出は去年のうちに提出しなくちゃいけない……」

そう、今年だけじゃなく、来年の決算も「簡易課税」にならない。ということは今年と同じくらいの売上や経費、利益だったら、また20万円以上損をする⁉　あわてて、税務署に電話して交渉！

「簡易課税の届け出を出していないんですが、今年、いやせめて来年からなんとかならないでしょうか⁉」

しかし、いつもいろいろ教えてくれる優しい税務署のお姉さんも、こればかりは頑として譲ってくれませんでした……。

そんなこんなで、筆者は2年で合計50万円近くの税金を余分に支払うことになったのでした。これだけのお金があれば、海外旅行で豪遊できますよね……。合掌。

というわけで、あなたの事業が、「簡易課税」と「原則課税」どちらのほうが税金が安くなるのか、とにかくすぐにチェックして、もし「簡易課税」のほうがおトクだったら絶対に簡易課税の届け出を忘れないようにしましょう。気がつくのがちょっと遅かっただけで、2年間どうにもならないというのはホントに泣けますよ……。

ホント？ ウソ？ 確定申告の都市伝説

Part 7

税金にまつわる都市伝説

「ゆうちょ銀行に預けたお金は税務署にばれない」

「自宅といっしょにワンルームマンションを買えば、自宅の家具代も経費にできる」

「妻が副業で赤字になると、夫の税金が控除される」

「投資用マンションを買えば、飲み代も経費にできる」

「白色申告は領収書がなくても大丈夫」

「青色申告は税務調査が厳しいからやめたほうがいい」

「所得が少なければ税務調査は来ない」

「無料相談会場で申告すれば、税務署のお墨付きがもらえる」

「インターネット取引は税務署にばれない」

「3年間ばれなければ、無申告でも問題ない」

　巷には、税金にまつわる都市伝説が、まことしやかにささやかれています。なかには、そんな都市伝説を信じて、大金を払い、税金以上の損をしている人も見受けられます。

　都市伝説というものは、まったくのでたらめという場合もありますが、一部だけ正しくて大部分が違うもの、ある条件にあてはまった人だけが該当するというものまで、さまざまです。100％デタラメというわけではない分、たちが悪いとも言えますが……。

　そこで、たくさんの人が勘違いしてそうな確定申告の都市伝説をお話しておきましょう。

相談会場で申告書を提出したら、税務署のお墨付きがもらえる？

何といっても、税務署はコワ〜いお役所。確定申告の期限は、毎年２月16日から３月15日。その時期になると、各地の税務署や地区の出張所などに設置された無料相談会場は、個人事業者だけでなく、医療費控除を受けて税金の還付を受けたいサラリーマンや、節税用のマンションの家賃収入を申告しに来た人・人・人でごったがえします。

１時間ぐらい待つのは当たり前。やっと名前を呼ばれると、ずらりと並んだねずみ色のスーツを着た小難しい顔の担当者に、申告書の書きかたの指示を受け、何とか数字を書き入れ、さらに受領印をもらう列に並び、申告書の控えをもらって、やっと終了。

「税金は、銀行から振替で支払う手続きも済んでいるから、これで一件落着。来年の３月15日まで、確定申告とは、おさらばだ〜！」

という気持ちになるはずです。

しか〜し！

税務署の本当の「確定申告」は、３月15日が終わってから始まるのです。申告書の提出件数は、全国で約2300万件。これを税務署員が総出で、整理、チェックします。そして、所得税額の計算ミスや扶養控除の適用ミスなど、明らかなまちがいが発見されると、７月から８月にかけて、「お問い合わせ」という名の葉書が、あなたの手元に届きます。いわく、「○月○日、××税務署○階までお越しください」と。これを、専門用語では「簡易な接触」といいます。簡易な接触は、年間67万件程度行われています。

「え〜、どうして？　だって、グレーのスーツを着てメガネをかけたおじさんが、オレの書いた申告書をチェックしてくれたよ？　その後、30分も並んだ受付では、紺のスーツを着て長い髪を束ねたお姉さんが、ちゃんと目を通して、収受印を押してくれたし」

そう言いたくなるのもわかりますが、そもそも無料相談会場にいるコワい（優しい？）おじさん（お姉さん）たちは、全員が税務職員というわけではありません。地域の税理士が応援に来ている場合もありますが、にわか勉強をしてきた都道府県税事務所や市区町村の職員、臨時雇いのアルバイト、確定申告期間だけの派遣社員などが多数、入り乱れているのです。

　そして、ここからが肝心。無料相談会場にいた担当者は、「沖縄の家族旅行を経費にしちゃったけど、大丈夫かなー」などとドキドキしながら提出した申告書の中身には、いっさい責任を持ちません。形式的に申告書の書きかたがまちがっていないかの、アドバイスやチェックをしてくれたにすぎないのです。

所得が少なければ税務調査は来ない？

　7月から8月にかけて、税務署から呼び出しがなかったからといって、安心してはいけません。

　確定申告が終わって、1年たち、2年たち、もしかしたら3年もたって、忘れたころに、突然1本の電話が鳴ります。そうです、「税務調査」の依頼です。

「税務調査」というと、マルサの女で有名になった強制調査を思い浮かべるかもしれません。以前、クライアントの税務調査に立ち会っているとき、取引先から社長あてに電話がかかってきたことがあります。社長は、電話で話せないことを説明するために、「今さ〜、税務署のササツが入ってるから、後でかけ直すわ〜」と言ったのですが、じつはこれは言葉の使い方のまちがい。「査察」とは、脱税の疑いがある人に行われる強制捜査なので、捜査官は、令状を持って、ある日突然やって来ます。強制捜査ですから、あらゆる引き出しが開けられ、カーペットは剥がされ、額縁の裏も調べられ、ツボが埋まっていないかと庭も掘り起こされます。もちろんあなたも家族も、その場を動くことはできませんし、外部と電話なんかもって

のほか。聞いた話では、二重構造になっていた風呂釜の間から裏帳簿が見つかったとか。要するに、そこまで徹底的に調べるのが「査察」というものです。

　通常行われるのは「任意調査」と呼ばれるもので、納税者であるあなたの同意の下、穏やか～に、和やか～に、実施されます。調査官は勝手に、あなたの机の引き出しを開けたり、屋根裏を調べたりはしません。しかし、「任意」とはいえ、調査官には「質問検査権」があり、納税者側にも「調査受任義務」といって調査を受ける義務があるので、「忙しいから調査なんか受けたくないよ～！」と逃げることはできません。

　この任意調査はさらに、「特別調査・一般調査」と「着眼調査」に分かれます。

特別調査・一般調査

　特別調査・一般調査は、事業の規模が大きい場合や、過度の節税が予測される場合に実施されます。通常は事前に電話で連絡があり、最低でも2日間（特別調査は10日程度）の日程を確保して、調査官があなたの事業所へ訪問し、過去3年から5年分の領収書や、請求書その他あらゆる書類をチェックします。

　ただし、飲食店など現金商売の場合は、事前の予告なしに、朝9時にいきなり自宅の呼び鈴が鳴らされる、というケースもめずらしくありません。目的は、調査前日のレジペーパーと、現金帳や売上帳の数字が合っているかなどをチェックすること。現金商売の場合はリアルタイムでないと、不正の証拠を押さえることが難しいからです。余談ですが、現金商売を営む人と結婚したら、いつもきちんと化粧をして、綺麗な普段着を着て、家の中を整理しておかないと、けっこう恥ずかしい思いをしちゃうかもしれません。

　ドキドキしてきましたか？

　ただ、これらの実地調査は、ある程度売上規模が大きな個人事業者に対して行われるもの。最近は税務署も人手不足で、少ない経営資源（ヒト・モノ・カネ）を、効果的に活用しなければならないからです。

着眼調査

　売上が1,000万円程度の小規模な個人事業者のためには、「着眼調査」という簡易調査が行われます。これは半日程度で終わるものですが、事前に売上の証拠書類などを入手している場合が多く、決してあなどることはできません。

　「どうせオレは、売上が少ないから、税務署なんて気にしちゃいないさ～」

　とやりたい放題のあなた！　税務署はそんな小規模なフリーランスのためにも、ちゃんと広く目配りをしてくれるのです。

調査ってどんなことするの？

　実地調査では、帳簿に記載されている数字と、領収書、請求書、見積書、納品書、契約書などの証ひょうに記載されている数字が合っているかが、細かくチェックされます。

　「請求書はあるのに、売上が計上されていない」
　「領収書はあるのに納品書がないのは、架空の領収書じゃなかろうか」
　「納品書の宛先が自宅になっているのは、個人的な支出じゃなかろうか」

　などなど。特に売上の数字が正しく申告されているかは、売掛帳や予約台帳、あなたの手帳やスケジュール表、カレンダーなどと入念に突き合せされます。「手帳を見ると現場に行っているのに、その売上が計上されていないのはおかしい」とか、飲食店の場合、「使用した箸の数やおしぼりの数、仕入れたお酒の本数と、売上に計上されている客の数が合っているか」など、ありとあらゆる角度からの突き合わせが行われます。
　事業に関係ないと思われる経費が見つかったら、「だれと行ったの？」「何しに行ったの？」「何のために行ったの？」「ホントに仕事で行ったの？」など、領収書というより、お金の使用目的と効果を、かなりネチネ

チと聞かれます。調査官によっては、相手を怒らせるのが天才的にうまい人もいますが、もちろん事を荒立てるのは得策ではありません。

　２～３年前に払った領収書の使いみちなど、別にやましくなくても、覚えていないのが普通です。詰問されてトンチンカンなことを答えてしまったり、緊張のあまり余計なことをしゃべってしまったりして、墓穴を掘ってしまった……なんてことはめずらしくありません。

　そうならないためにも、少なくても３万円以上の領収書については、めんどうくさがらず、日ごろから使用目的をその都度書きこんでおくことが、税務調査をスムーズに切り抜けるポイントです。

５年間、無申告がばれなければ逃げ切れる？

　着眼調査は、「資料せん」という証拠資料などに基づいて、３月15日が過ぎても申告する気のない「無申告者」に接触を図ることを目的に行われることもあります。無申告者の正確な統計というものは世の中には存在していませんが、税務に携わる者の肌感覚として、悪意をもって申告しない人や、「うっかり」申告しないという人はかなりの割合で存在しているように思います。

　そこで、本来は納税者が計算すべき税金の計算を、税務署長の権限で税金を計算して、賦課課税できる制度もあります。その期間は、５年（悪質な場合は７年）と決まっています。

じつはとっても優しい日本の税務署

　税務署というと、「税金を奪っていく怖い人たち」という印象があるかもしれません。「もしかすると、税務調査が来るかも……」と思うとさらに怖いイメージが増幅！

　でも、実際には、日本の税務署はかなり優しいと思います。

　ある時、税務署から筆者（山田）のところに留守電が入っていました。

「山田さん。連絡したいことがありますので、折り返しご連絡お願いします」ガチャン。

　ブルブル……。これは噂の税務調査？　もしくは、まちがっているのでもっと税金を払えという電話？

　そう思い、おそるおそるかけ直してみると。

「税率の計算がまちがっていて、税金を払いすぎています。払い戻しますがよろしいですか？」

　そうです、わざわざ税金を払いすぎているのに気がついたから電話をして、めんどうな手続きまでしてきっちり口座に返してくれたのです。

　もちろん、担当者の個人差もあるのでしょうが、税務署の皆様は、「少しでも個人事業者から税金を絞りとってやる。ウッヘッヘ……」というスタンスではなく、ちゃんと見るべきものを見て対処してくれています。

　筆者は、わからないことがあると、何でも税務署に電話をして聞きまくる……という、まあ迷惑な人間なのですが、いつもとても丁寧に教えてくれます。

　税務署は、個人事業者のために、記帳の説明会など、積極的にお助けイベントも開いてくれています。決算などの処理が苦手な人にとっては、「税務署とはなるべく関わりたくない」という気持ちがあるかもしれませんが、むしろ積極的に関わって、事業を助けてもらいましょう。

▸ 7-2

無申告の 7つのペナルティとは

　どうやら世の中には、「無申告は究極の節税」と豪語する輩もいるようですが、申告すべき人が申告しないと、あとでトンデモなく痛いしっぺ返しにあうことになります。

　無申告者の受けるペナルティは、大きく以下の7つです。

1 税務上の特典が使えない
2 ペナルティの税金がかかる
3 過去の住民税の督促が一気にくる
4 過去の国民健康保険料の督促が一気にくる
5 ビジネスを大きくできない
6 ローンが借りられない
7 最悪、前科者になる

「わ～、大変！」という気持ちになりましたか？
　それとも、この程度なら無申告で税金を払わないほうを選びますか？
　1つずつ見ていきましょう。

税務上の特典が使えない

最初は軽いジャブから。

「国民の3大義務」ってなんだか知っていますか？　小学校で習いましたね。そうです、教育と労働と納税です。

近代国家では、国民が納税をしないと、十分な財政サービスが受けられなくなります。先日、アメリカのデトロイトが破たんをしましたが、救急車を呼んでも、パトカーを呼んでも、お金がないから1時間ぐらいかかるらしいです。安心して夜道を歩けるのも、蛇口をひねれば美味しい水が出てくるのも、税金のおかげです。

第5章で説明した青色申告は、「アメ」と「ムチ」のようなもの。ひと言でいうと、

「きちんと帳簿をつけた人には、特別に税金が安くなるような控除がたくさんありますぜ」

というものです。

申告していてもきちんと帳簿をつけてない人はメリットが得られないぐらいですから、無申告の人に青色申告の特典などあるわけがありません。

ペナルティの税金がかかる

所得税の税収は、申告納税制度、つまり「自分で申告する」という、純粋な国民の善意に支えられています。国としても、全面的に国民を信じているというわけです。だからこそ、万が一でも裏切ったとわかったら、信頼に見合うだけの報復（失礼、罰則）をしたいと考えるのも当然でしょう。

このあたりの構造は、国家と国民、男と女の違いはあれ、恋愛関係と似ているかもしれません。「歓心を買おうと、（青色申告という）たくさんのご褒美を用意して待っているのに、ウソの報告をされたり、無視をされたりすれば、信頼を損った分だけ、相応のペナルティを与えてやろう」と思うのも人情というものです。

では、無申告がばれたら、どんなペナルティがあるのでしょうか？

まず当然ですが、本来払うべき所得税をさかのぼって5年分、支払わなければなりません。これは大変な痛手です。なぜなら、申告しないで浮いた税金に手をつけずに、定期預金しておこうという人は、ほとんどいないからです。たいていは、生活費に消えてしまったり、遊興費として使ってしまったり、あるいは新しいビジネスに投資したりします。「将来の納税に備えて、手つかずに残しておいた」という話は聞いたことがありません。

その結果、いま手元にある運転資金から支払いをするしか方法がありません。するとどうなるか。資金繰りが一気に悪化して、自転車操業へと突入する羽目に陥ってしまうのです。

さらに無申告が発覚すると、本来の税金にプラスして、下記の税金が追加で課税されます。「無申告や過度の節税は、あとで思わぬ出費を招く」というリスクを忘れないようにしなければなりません。

ペナルティとして払う税金

種類	課税される状況	税率
延滞税	税金の納付が遅れた場合	年14.6%または「短期プライムレイト※＋7.3%」のうち、低いほう（2ヶ月以内は「年7.3%」または「短期プライムレイト※＋1%」のうち、低いほう）
過少申告加算税	自主的に修正申告書を提出した場合	0%
過少申告加算税	税務調査で指摘をうけて修正申告書を提出した場合や、更正があった場合	10%（「期限内に申告した税金」または「50万円」のうち、多いほうを超えたら15%）
無申告加算税	自主的に申告書を提出した場合	5%（2週間以内なら0%）
無申告加算税	税務調査で指摘をうけて申告書を提出した場合や、決定があった場合	15%（50万円を超えたら20%）
重加算税	収入を隠したり、証拠を偽装したりなど悪質な場合	35%

※前々年の10月から前年の9月までの短期プライムレイトの月平均に、年1%を足して計算する。

ちなみに、納税者が申告した所得や税金の金額が明らかにまちがっていた場合、税務署長の権限でその内容を訂正することを「更正」といいます。申告納税制度とはいえ、税務署にも、その程度の権限は与えられているのです。

　また無申告者に対しても、税務署長がその人の所得を独自に調査し、税金の金額を計算することができます。これを「決定」といいます。

　税務署が「更正」したり、「決定」したりできる期間は、原則として5年間です。しかし、税務署が悪質だと判断した場合は、5年の期間が7年に延長されます。

　所得税ではありませんが、鳩山由紀夫前首相が、実母から巨額の資金提供を受け、約6億1,000万円の贈与税が無申告だったのは有名な話です。世間の批判を浴びて、鳩山氏は2002年から2008年までの7年間分の贈与税を納付しましたが、これには後日談があります。鳩山氏が贈与の事実を「知らなかった」と主張したことで、悪質な不正や隠蔽（いんぺい）行為はなかったと判断され、あとで2002年、2003年分の2年分、計約1億3,000万円が、鳩山氏側に還付されたのです。

　国民感情としては納得できない事件でしたが、ここで注目すべきは、ペナルティの金額の大きさです。鳩山氏が支払った延滞税は、公表はされていませんが、約5,400万円、無申告加算税は2,000万円超ではないかと憶測されます。5億8,000万円の本税に対して、なんと7,400万円の税金が上乗せされているのです。鳩山氏にとっては、ポケットマネー程度の金額かもしれませんが、1円でも節税したいあなたにとっては、痛い授業料を支払う羽目になってしまうというわけです。

過去の住民税の督促が一気にくる

　無申告が発覚して、あとから払う税金は、所得税だけではありません。日本の税金は、国税と地方税に分かれていて、それぞれ、国のお財布と地方自治体のお財布に入ります。所得税に加えて、5年分の住民税もまとめ

て支払わなければならないので、本当に大変です。

　中には、お客様から入金されるとき、10%の源泉所得税を引かれて入金される人もいます。

「源泉所得税ってナニ？」というあなたのために、「源泉徴収」のしくみについて、かんたんに説明しておきましょう。所得税の納税の方法には、以下の3とおりの方法があります。

❶ 源泉徴収
❷ 申告納税
❸ 両者の合わせ技

1 源泉徴収

　会社があなたに給料などを支払うときに、所得税を天引き（源泉徴収）し、従業員に代わって税務署に納税する方法です。このとき天引きされる税金を「源泉所得税」といいます。

　所得税の課税期間は毎年、1月から12月です。所得税は、自分で1年間の所得と税金の額を計算して、毎年翌年の3月15日までに納付書を作成し、金融機関などで納税するのが原則でしたね。

　しかし、日本には、「年末調整」というシステムがあり、会社が従業員のために1年間の税金を計算して、申告・納税してくれます。年末調整のシステムをかんたんに説明しておきましょう。

❶ 会社は、毎月、給料の支払い時に仮の所得税を計算して、給料から天引きします。
❷ 会社は、天引きした所得税を、翌月10日までに税務署に払っておきます。
❸ 毎年12月になると、従業員の1年分の所得と税金を再計算して、途中で納めすぎた税金を税務署に代わって還付したり、不足していた税金を追加で徴収します。

なので、サラリーマンの多くは、自分で税務署に出向く必要がありません。年末調整とは、「徴税にかかるコストを民間である会社に負担させつつ、税金の徴収漏れを防ぐ」という、世界に類をみない、すぐれた日本の徴税制度なのです。

2 申告納税

3月15日までに、税務署に出向いて、所得の計算書（＝決算書）と、税金の計算書（＝申告書）を提出し、納付書を書いて納税する方法です。

これが、本来の所得税の確定申告の流れです。飲食店や八百屋さんや、コンビニエンスストア、美容院の経営者、マンションのオーナーなど、すべての個人事業者が、毎月せっせと帳簿をつけ、収入と経費を計算し、3月15日までに、まじめに納税を済ませます。

「納税」といっても、銀行から振替納税をすることもできますし、最近ではインターネットで申告して、納税もネットでできるようになりました。申告書は郵送でも受け付けてくれます。だから、必ずしも税務署の窓口まで出向かなければならない、というわけではありません。

3 あわせ技

源泉徴収で前払した税金を、3月15日の確定申告で精算する方法です。

たとえば、サラリーマンが投資用のワンルームマンションを持っていたり、週末起業で稼いでいるとします。会社が年末調整してくれるのは、あくまで会社が支払うお給料だけ。しかし、今年の所得は、給料に不動産収入やプチ事業所得を合算しないと、正しく計算できません。そこで、いったんは年末調整で精算された税金を、確定申告で再計算して、不足分を支払ったり、場合によっては還付を受けたりするというわけです。

会社が源泉徴収しなければならないのは、給料だけではありません。デザイン料、税理士報酬、弁護士報酬、ホステス報酬、著作権の印税、テレビやラジオの出演料など、報酬を支払う際に源泉徴収すべきものが限定列挙で決まっているのです。この場合も、「会社は、報酬を支払った月の翌月10日までに、源泉徴収した所得税を税務署に納めなければならない」と

決まっています。

　しかし、サラリーマンと違って、フリーランスには、年末調整というしくみが存在しません。フリーランスは、自分がいくら徴収されたのかを記載された「支払調書」を会社から発行してもらい、自分で3月15日にまでに確定申告をして、不足している税金を払ったり、払い過ぎた税金の還付を受けたりしなければなりません。

　フリーランスの場合は、税金を源泉徴収されていることが多いので、「確定申告しなくても大丈夫だ」と思っている人がたくさんいます。しかし、税金が還付になるかどうかは、当然ですが、計算してみなければわかりません。「税金が還付になる」ということは、それだけ払い過ぎているのだから、ものすごく損をしているわけです。

　たとえ所得税が還付になったとしても、消費税や住民税はそうはいきません。税金にはじつに、たくさんの種類があります。売上が1,000万円を超えたら、消費税も申告して納めなければならないので、あなたは立派な無申告者ということになります。

　また、所得税は還付でも、住民税は所得税のように税金を前払いする制度がないので、必ず納税になります。

「え〜、住民税って、今まで一度も自分で計算したことないよ」

　そんな疑問がわいてくるかもしれませんね。

　確かに住民税は、市役所や区役所などの課税庁サイドが税金を計算して、納付書をあなたの会社や自宅に送ってきます。けれど、不思議に思いませんか？　課税庁はどうして所得がわかるのか、と。

　じつは、サラリーマンの場合は、年末調整が終わったあと、会社が従業員全員の所得を、それぞれの住所地の市役所などに届けているのです（＝給与支払い報告書の提出）。

　では、フリーランスのような個人事業者の場合は？

　答えは、個人事業者が税務署に確定申告すると、申告書のうち1枚が、自動的にあなたが住んでいる市役所などに送られるシステムになっている

のです。だから、納税者から税務署に申告しない限り、市区町村としても、あなたの所得が捕捉できないので、住民税の納付書を作成できないことになります。「申告がない限り（そして税務署が気づかない限り）、所得は０円とみなされる」のが、日本の申告納税制度だからです。

あなたが、ある日税務署から無申告状態を指摘され、５年間にさかのぼって、確定申告をしたとしましょう。するとその後しばらくして市区町村から、確定申告に基づいて計算された５年分の住民税の納付書が、あなたの自宅に届くというわけです。

過去の国民健康保険料の督促が一気にくる

無申告だった５年分の確定申告を済ませたあと、区役所や市役所から届くプレゼントは、住民税の納付書だけではありません。

少子高齢化で、年金問題が選挙の争点になったり、マスコミを騒がせているので、ご存じかもしれませんが、日本の社会保険制度は大きく２つに分かれています。

１つは、サラリーマンなどが加入している社会保険と厚生年金。正確にいえば、組合の保険などもありますが、話が複雑になるので、ここでは割愛します。

で、もう１つが、フリーランスなどの個人事業者が加入している国民健康保険と国民年金。サラリーマン時代は、税金と同じように、会社があなたの社会保険の加入手続きをし、保険料を給料から天引きして、あなたに代わって納めていました。しかし、会社を辞めたらそうはいきません。自分で国民健康保険と国民年金に加入し、それぞれ保険料を支払うことになります。

さて、ここからが本題です。国民年金は、所得があろうとなかろうと、全国民が一律15,250円と決まっています。一方、国民健康保険料は、地方自治体によって計算方法が微妙に違いますが、ほとんどの自治体が「所得に比例して保険料が高くなる」という計算方式を採用しています。

　国民健康保険料の計算は、住所地の市区町村が行います。あなたが確定申告をしていなければ、課税庁も所得を把握することができません。どこからも申告がない以上、数千円程度の最低限の保険料で、どこの病院でも使える健康保険証を入手することができるのです。

　そして、後日あなたから5年分の確定申告書が提出されたあかつきには、申告所得に基づいて保険料が再計算され、ン十万円～ン百万円の納付書が自宅に届くというわけです。

　過去に未納だった所得税に加え、住民税、国民健康保険料の支払が一気にやってくるわけです。想像しただけでおそろしくなりませんか？

ビジネスが大きくならない

　諸外国にくらべて、日本の税率はお世辞にも安いとは言えません。「税金を払うお金があるぐらいなら、次のビジネスに投資したい」という誘惑に駆られる気持ちも、わからないではありません。

　しかし、無申告で浮いたお金を投資に回してビジネスを大きくするのは、実際にはとても難しいでしょう。なぜなら、銀行を通せば入金の事実が証拠として残ってしまうので、「お客様から銀行に振り込んでください」と依頼することができないからです。そのため、現金取引だけの小規模な商いしかすることができません。

　同じ理由で、手元に残ったお金を銀行に預金しておくこともできません。タンス預金にして（ツボに入れて）持っていたとしても、そのお金を使って不動産を購入したり、株式に投資したりすると、今度はその資金源が問題になるので、結局、大きな投資をすることもできないのです。

　結局のところ、税金を払わないで浮いたお金は、正々堂々と使うことができないので、遊興費で消えてしまうか、ツボの中で腐ってしまうか、どちらかになってしまうだけなのです。

ローンが借りられない

　ビジネスを大きくするためには、資金が必要です。資金を調達するには、次の３種類の方法が一般的です。

① 自分で稼ぐ
② 借りる
③ 出資してもらう

　個人事業者は、③の「資本金として出資してもらう」という方法をとることができません。「出資」とは返済不要のお金という意味ですが、個人事業者の場合は、返さなくてもいいお金をもらうと、贈与税の対象になってしまうからです。

　①の「自分で稼ぐ」という方法は、正直なかなか大変です。近年はビジネスのスピードが速いので、何かよいアイディアを思いついても、コツコツ資金をためている間に、あっという間に劣化してしまうからです。

　私たち一般人にとって、まとまった資金を用意する手段としては、銀行や日本政策金融公庫などから「借りる」という方法が現実的です。

　しかし、ここで無申告者は壁に当たります。そうです。納税証明書の提出です。

　金融機関としては、融資の前に、あなたがお金を貸してもいい相手か、貸したお金がちゃんと返済されるかを判断しなければなりません。その重要な判断材料として、過去の実績を提出することが求められます。あなたがお金を貸す側の立場だったら、５年間無収入だった人や、５年間無申告だった人を信用するでしょうか？

　いずれにしろ、過去５年分の確定申告書の控えや、納税証明書などを提出できないと、融資を受けることはほぼ不可能です。納税証明書は、税金を納めたことを証明するためのものですが、同時にあなたが信用できる人であることの証明書でもあるのです。

最悪、前科者になる

　最後に、無申告の究極のデメリットをご紹介しましょう。

「ここまでのデメリットなんて、税金を払わずに済むメリット（？）に比べたら、たいしたことないね〜」と思っているかもしれません。しかし、「車も家も買う気ないし〜、独身だし〜、パソコンさえあれば食うに困らないし〜、税金なんて払わなくても、何にも困らないし〜」と、税務署からの「接触」を無視していると、前科がついてしまう可能性もあるのです。

　そう、無申告には「ただのうっかり！！」では済まされないおそろしい罰則も用意されています。

・「税金を払いたくない！」という固〜い意思がある人の場合
　⇒５年以下の懲役もしくは500万円以下の罰金、または併科

・「うっかり忘れました〜」という場合
　⇒１年以下の懲役または50万円以下の罰金

　背景には、インターネットの発達で、高額な所得逃れが相次いだために、罰則が強化されたといういきさつがあります。家庭の主婦やサラリーマンが、アフィリエイトやFXで、パソコン１つで何億も稼げるような時代です。そういえば、FXで４億円を脱税した主婦がいましたね。

無申告を捕捉する３つのツールとは

　さて、「ここまで読んでも、どうしても申告する気になれない」という方のために、どうして無申告がばれてしまうのか、そのしくみを説明しておきましょう。

　税務署があなたの所得を捕捉する手段としては、一般的に次の３つの

ツールがあります。

1. 法定調書
2. 取引資料せん
3. 調査管が集めた「内部資料せん」

　もちろんこれらのツールは、無申告の人を見つけることだけが目的ではなく、あなたが申告した内容が正しいかどうかを調べるためにも利用されています。

1 法定調書

「法定調書」とは、会社や事業主に提出が義務づけられている書類で、その種類は40種類以上あります。たとえば、

「会社が、だれに、いくら給料を支払ったか？」
「外交員報酬や印税収入を払ったか？」
「家賃や礼金をいくら払ったか？」

　などを、毎年1月31日までに税務署に届け出なければなりません。
　会社が支払った（＝経費にした）ということは、もらった方にも、同額の収入があったということになるので、取引の相手方が正しく申告をしているのか、その根拠資料として利用されているのです。
　法定調書を提出しなくても、会社にペナルティはありません。ただ、会社が提出を忘れた場合には、税務署から督促のお手紙が届きますから、まずほとんどの会社は提出していると思ってください。

・法定調書の範囲
　http://www.43navi.com/news_letter/pdf/000071.pdf

2 取引資料せん

「取引資料せん」とは、税務署が反面調査のために、各会社に作成をお願いする文書のことです。これはすべての会社に送られてくるとは限りません。

一般的には、毎年7月から8月ごろにかけて、依頼の文書が郵便で届きます。中を見ると、たとえば

「今年の1月から6月までの取引のうち、30万円以上の仕入、10万円以上の外注費、5万円以上の仲介手数料や交際接待費について、いつ、いくら、だれに払ったかを記入して提出してください」

などと書かれた用紙が入っています。

このとき、相手先の名前や住所だけでなく、どの銀行口座に支払ったか、金融機関の名前と支店名、口座番号なども記入するようになっています。

こうして集められた取引資料せんは、国税局内でデータベース化され、税務調査の際に申告もれを指摘したり、無申告者を発見したりするための証拠資料として、素敵なほど効果をあげています。

調査の担当官は、入手した資料せんに記載されている支払い金額と、目の前で調査している会社が申告している売上の金額が一致しているかを確認すれば、申告もれがすぐに発見できるというわけです。

3 内部資料せん

最後の「内部資料せん」は、もっとおそろしい威力を発揮します。

取引資料せんは、各会社に作成を依頼しただけの文書ですから、たまには作成した会社がまちがえて記入することもあります。それに対して、内部資料せんは、調査官が税務調査のために訪問した際、その会社に保存してある領収書などから直接、取引先の名前や住所、金額や取引内容、はては振込記録などの取引の実態を記録したもので、より信頼性が増します。

もしあなたが領収書を作成して、取引先に渡したにもかかわらず、これを収入として申告していなかった場合、調査官はあなたが発行した領収書

のコピーを持っているわけですから、言い逃れをすることができないというわけです。

どうです？　無申告のおそろしさが、わかっていただけましたでしょうか？

帳簿をつけるのは納税のためだけではない

確定申告は、なにも納税のためだけにするのではありません。帳簿をつければ、

「1年間の間に自分がいくら儲けたのか？」
「思った以上に利益が出なかった理由はどこにあるのか？」
「使える資金がいくら残っているのか？」
「来年は少ない資金をどこに投入すべきなのか？」

などが見えてきます。

そうです。帳簿づけは、税務署のためにイヤイヤするのではなく、あなた自身のビジネスを発展させるために、積極的にすべきことなのです。

いまなら、freee のように、簿記の知識がない人でもかんたんに操作できるソフトがあります。めんどうくさがらずに、自分のために明日から、帳簿づけに挑戦してみてはいかがでしょうか。

申告書を作成するには

「よし、きちんと申告しよう……」と決心したら、次は確定申告書の作成です。

確定申告書とは、決算書で計算した「儲け」をもとに、今年払うべき税

金を計算する用紙です。税金を計算する手順は、次のとおりです。

① 所得金額の集計

▼

② 所得からマイナスできる金額の集計

▼

③ 課税される所得の計算（①－②）

▼

④ ③を基に税金の計算

▼

⑤ ④の税金から控除する金額の集計

▼

⑥ 今年納める税金の計算（④－⑤）

❶ 個人事業者は、事業所得・不動産所得・給与所得など、収入の種類ごとに、今年の儲けを計算します。所得の種類が何種類あっても、税金の計算は、一度にまとめて行うのは、56ページで説明したとおりです。そこでまず、別々に計算した収入と所得を、申告書に転記します。「収入」は「売上」、「所得」は「儲け」と考えるとわかりやすいでしょう。

❷ 次に、所得からマイナスできる金額を集計します。これを、「所得控除」といいます。「所得控除」と「経費」の違いが、よくわからない〜という人は多いかもしれません。花屋さんが市場で綺麗な花を仕入たり、営業マンが電話をかけまくるのは、下心いっぱい、売上に結び付けるためです。「経費」とは、売上をあげるための支払のことをいいます。

しかし、「所得控除」は違います。病院に行ったり、生命保険を払ったからと言って、その分だけ、売上が増えるわけではありません。「所得控除」とは、ビジネスに1ミリも関係ないのだけど、儲けた金額からさらにマイナスできる、ありがたい支出のことをいうのです。

「所得控除」には次のようなものがあります。

所 得 控 除 の 一 覧

	所得控除の種類	内容
1	基礎控除	すべての人に認められている38万円の控除
2	社会保険料控除	健康保険料や年金保険料を払ったとき
3	配偶者控除	配偶者の所得が38万円以下のとき
4	配偶者特別控除	配偶者の所得が76万円未満のとき
5	扶養控除	16歳以上の子どもや、両親などを扶養しているとき
6	寡婦控除	夫と死別または離婚して扶養家族がいるとき
7	寡夫控除	妻と死別または離婚して子供がいるとき
8	障害者控除	一定の障害があるとき
9	勤労学生控除	学校に行きながら働いているとき
10	生命保険料控除	生命保険料・介護医療保険料・個人年金保険料を払ったとき
11	地震保険料控除	地震保険料を払ったとき
12	医療費控除	医療費を払ったとき
13	寄付金控除	国や公的機関などに寄付したとき
14	小規模企業共済等掛金控除	小規模企業共済の掛金を払ったとき
15	雑損控除	災害や盗難・横領などにより損害を受けたとき

③ 所得の合計額から上記の表のうち、該当するものをマイナスして、「課税所得」を計算します。

④ ③の課税所得に、146ページで説明した税率をかけると、いよいよ「税金」が計算できます。

⑤ しかし、「さー、面倒な税金の計算も、これでお終い！」と思ったら、そうは問屋がおろしません。この後さらに、「税額控除」の計算が待っています。「税額控除」で有名なのは、なんと言っても「住宅ローン控除」です。他には、「配当控除」というのもあります。これらは、④で計算した「税金」から、さらにマイナスできるものなので、メンドクサがらずにチャレンジしましょう。

「税額控除」ではありませんが会社を辞めて起業した人など、事業所得の他に給料をもらっている人は、給料から源泉所得税が前もって天引きされています。忘れずに、控除しましょう。また去年、20万円以上の所得税を払った人は、7月と11月に予定納税をしているはず。これもマイナスを忘れないようにしてください。

⑥ 最後に、④から⑤をマイナスした金額が、あなたが今年「納めるべき税金」ということになります。

「ふー、大変。やっぱり税金の計算は、難しくて手に負えないよ〜」という人は、確定申告の時期になると、近くの税務署や出張所などに設置される「無料相談会場」へ行くと、書き方を教えてくれます。

・近くの税務署を調べるには
https://www.nta.go.jp/soshiki/kokuzeikyoku/chizu/chizu.htm

　freee では次の流れで確定申告書を作成する事ができます。

1. 「決算」から「確定申告書類の作成」を選択します。
2. 確定申告書 B の作成画面を開きます。
3. 青色申告を行う場合、「青色決算書からデータをコピー」をクリックすると、決算書で計算した金額が確定申告書にコピーされます。
4. 各表の項目に入力していきます。

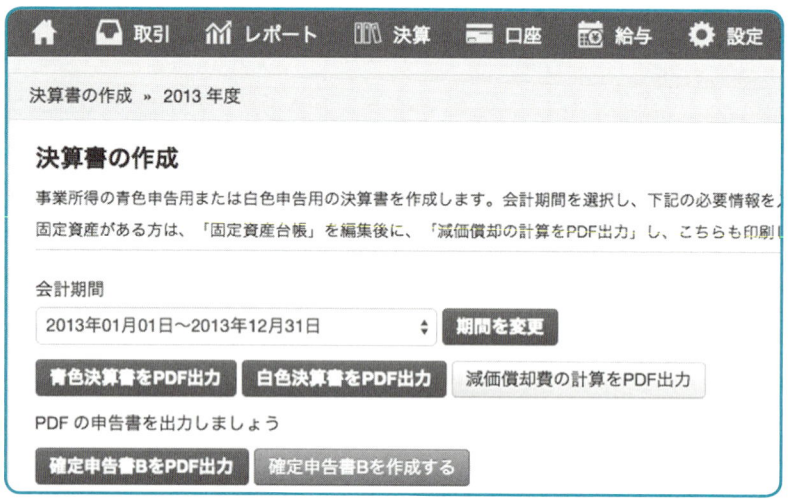

決算書の作成

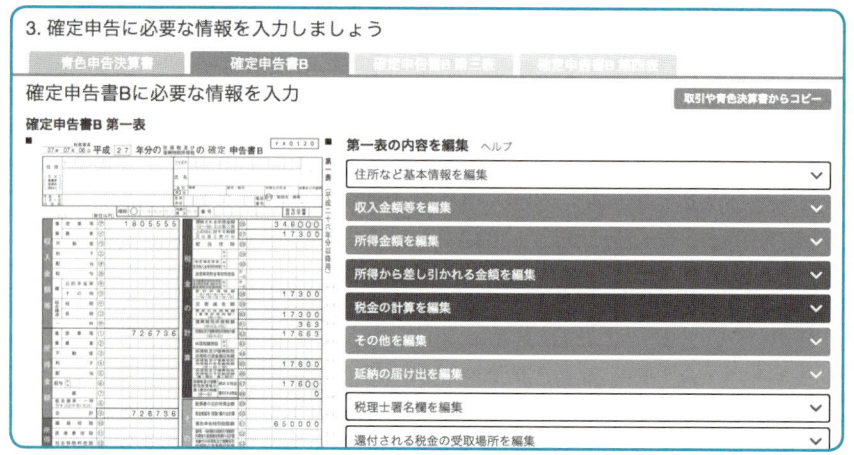

確定申告書の作成

● column

修正申告を恐れなければ、決算は怖くない

　青色申告でしんどくなってしまうのは、作成した決算書がまちがっていないかどうかで、気が張るから。筆者（山田）も最初はそうだったのですが、「少しでも勘定科目や数字がまちがえていたらいけないのか」と思って、過剰に神経質になっていました。

　でも、正直、ほんのちょっとくらい数字がまちがっていてもたいしたことないんです。もし、税務署の担当者さんに突っ込まれたら、修正申告をすればいいだけです。

　修正申告をすると、「延滞税」を取られます。これがすごく損した気になるので、ついつい身構えてしまいます。でも、考えてみてください。本当に細かい、ミス程度だったら、延滞税もたいしたことはありません。たとえば、税金が10万円程度ずれても、延滞税はその2.5％〜9％程度。数千円レベルです。ちなみに、本税が10,000円以下では延滞税がかかりません。

　完璧主義でピリピリしたり、チェックを繰り返す時間よりも、「延滞税が出たらしかたがないよね」という気持ちで決算を片づけてしまったほうが、気分的にはとってもラクです。もっと楽しんで決算書を作る余裕を持ちましょう。

● column

タックス・マンがやって来た！

　プルプル……。

　その電話は、月曜日の昼下がり、何の前触れもなくかかってきた。

　「○○税務署・法人課税部門のタナカと申します。」

　それが僕の会社の税務調査の依頼の電話だということに、緩んだ頭が気付くまで、30秒ぐらいかかったかも。

　「来週の10日と11日の2日間、御社に伺いたいのですが……」

　ちょっと待って。

　あわてて、スマホを取り出し、その日の予定を確認する。

「すみません。その日は大事なお客様との打ち合わせが入っていまして……」

「そうですか。それでは、ご都合のよい日程の候補をあげてください」

あれ、どうやらこちらの都合もきいてくれるらしい。

それから、相手は、調査を行う日時や場所、法人税や消費税や印紙税なども調査の対象となります」など、延々と説明を始めた。どうやら何か、紙に書いた文言を読んでいるだけのような機械的な感じだった。

あとで税理士の先生に聞いたら、それは調査の事前通知といって、平成25年に国税通則法が改正されてから、調査の透明性を図って、納税者の権利を保護するために行われているのだそうです、はい。

さて調査当日は、ちょっとエラそうな「統括官」と、いかにも若そうな「事務官」の2人がやってきた。これも後でわかったことだけど、統括官は普通の会社だと、課長クラスなんだそう。事務官は、明らかに統括官に遠慮していて、税務署といっても、サラリーマン社会のつらさは一緒なんだなーと、独立前の上司の顔を思い浮かべて、妙に親近感を感じた。

調査の初日は、僕自身の過去の経歴や会社の業務内容、見積から、受注、納品・検収までの仕事の流れなんかを聞かれた。世間話なんかもしたりして、フランクな雰囲気。でも油断は禁物。うっかり変なことを言わないように、結構緊張した。

初日の午後からは、freee から印刷して用意しておいた総勘定元帳や、請求書、契約書、検収通知書などを1枚ずつチェックしながら、黙々と電卓をたたいたり、メモをとったり、付箋を貼ったりしている。

午前中とうって変わって、全然話しかけてくれない。うう〜、空気が重い。

「すみません」「はいっ!!」「この取引について、ちょっと教えてほしいのですが」

突然、質問されて、頭が真っ白。えっと、えっと。しどろもどろになる。売上の計上基準がどうのことのとか難しいことを言われ、ちょっとへこむ。

なんてことを繰り返しながら、午後4時前になると、上司の方が時計をチラチラとチェックし始めた。もうすぐ、終わりかな〜。

　案の定、4時を少し過ぎたところで、初日の調査は終了。今日は主に売上関係を見たから、明日は経費関係とか、印紙関係を見ると言って、2人は帰っていった。ふ〜。

　さて2日目。最近、活躍したスポーツ選手の話などして、昨日よりリラックスした雰囲気。昨日、予告されたとおり、今日は経費について根ほり葉ほり聞かれた。特に飲食関係と旅費関係。誰と食べに行ったのかとか、何をしに誰とどこに行ったのかなど。

　うーん、ごまかしているに違いないと、疑われているのが伝わってきて、感じ悪い。あ！　しまった。うっかり自宅用に購入したＤＶＤの領収書が混じっていた（汗）。

　そして契約書の印紙関係。貼らないといけないのに貼ってないといわれた。そんなの知らないよ。だって取引先からも貼らなきゃいけないなんて、聞いてないもん。などと文句を言ったが、全然受け付けてくれない。

　3時ごろになると、「ではそろそろ、まとめに入らせていただきます」と、上司から言われドキドキ。「いろいろ問題はあるけれど、最終的には、初日に指摘された売上の計上時期のずれと印紙の貼付もれについて修正をお願いしたい」

　わかりました、と「手打ち」。ただし、税務署に戻って、上の決済がおりるまでは、確定ではありませんと、妙な念を押されて、税務調査は無事終了。

　のはずが、それから1月たっても、2月たっても、税務署から何の連絡もなし。どうなっているの？不安になって税理士に確認したら、国税通則法の改正以来、税務署内の手続きがやたら複雑になって、特に問題がなくても、調査が終わるまで数カ月かかるのはザラなんだそう。どうやら、僕だけの問題ではないらしいということが分かったので安心して、放置していたら、忘れたころまたまた突然、電話がかかってきた。調査が終了したので、売上については、自分で修正申告書を提出し、印紙については税務署から送られてきた書類にサインしてほしいとのこと。

　書類を提出し、追加の税金を払って、ようやく調査終了。最初の電話から4カ月。長かったな〜。

インターネットでラクラク申告

Part 8

電子申告は
こんなにラクちん

申告書を税務署に提出する5つのステップ

　世界一ラクにできる確定申告も、いよいよ最終コーナにさしかかりました。ここまでの流れを、もう一度おさらいしてみましょう。

① 世界一ラクに記帳するための準備をする（第1章〜2章）
② freee を使って、ラクに帳簿をつける（第3章〜5章）
③ freee を使って、青色決算書を作る（第6章）
④ freee を使って、または最寄の確定申告無料相談会を利用して、申告書を作成する（第7章）

　この時点では、あなたの手元に、青色決算書と確定申告書が出来上がっていることでしょう。いよいよ最後の仕上げにとりかかりましょう。

「え、まだ、終わりじゃないの？」

　はい、まだ終わりじゃありませんよ。
　52ページの「確定申告の流れ」を、再確認してください。所得税は、申告納税制度が基本でした。すなわち、自分で所得を計算し、決算書を作成し、税金を計算し、申告書を作成し、そして作成した決算書と申告書を提

出し、税金を支払ってようやく、「確定申告」の手続きが終了するのです。

で、じつはこの提出と納税が意外とメンドくさかったりするわけです。

freee で作成した申告書を、税務署に提出するまでの手順は次のような感じです。

1 提出書類を印刷する

まず、freee の画面から、「青色決算書」を提出用と控え用に 2 部ずつ、印刷します。

freee の画面から「決算書の作成」を選び「確定申告書 B を PDF 印刷」して、同じように提出用と控え用に 2 部ずつプリントアウトします。

freee を使わず申告書を手書きした人は、コピーをとって、控え用も作成しておいてください。

その他、「所得の内訳書」や「株式等に係る譲渡所得等の金額の計算明細書」などの書類を作成した人は、控えに税務署の「受領印」をもらうために、すべて 2 部ずつ印刷しておきましょう。

2 申告書に署名・押印する

2 部ずつ印刷した確定申告書と青色決算書、その他の書類に署名して、印鑑を押します。ここで押す印鑑は、認印でもかまいません。

3 添付書類をノリづけする

申告書の作成にあたって使用した以下の原本を、申告書の所定の用紙にノリで貼り付けます。

・給料や報酬の源泉徴収票
・生命保険料の控除証明書
・地震保険料の控除証明書
・国民年金保険税の控除証明書　など

確定申告は年に一度なので、1 年前のことなんて、覚えているわけがあ

りませんね。そこで、これらの証明書などもすべてコピーをとっておきましょう。手元にこれらのコピーが残っていれば、去年の申告内容がすぐにわかるので、来年ラクができるのです。

4 医療費控除を受ける場合

　医療費控除用の袋を税務署から取り寄せ、医療費の領収書を入れ、申告書に添付しなければなりません。

　医療費控除用の袋の表紙には、医療機関ごとに、電卓を使って集計した金額を書き込み、合計額を転記してください。

　あと、来年の確定申告でラクするために、表紙のコピーを取っておくことをおすすめします。

5 申告書を提出する

　申告書を提出するには、以下の2つの方法があります。

・**最寄りの税務署の窓口に提出に行く**
・**郵送で提出する**

　窓口で提出する場合、税務署は、基本的に平日の8時半から17時までしか開いていないので、半日は仕事を休まなければなりません。

　郵送で提出する場合は、まず返信用の封筒を用意し、自宅または事業所の住所を自分で書いておきます。返信用の書類の重さを計って、必要な金額の切手を貼ります。

　税務署の住所を調べ、宛名を書き、紛失リスクを防ぐためにも、簡易書留で送ります。このとき、消印の日付が3月15日になっていれば、15日までに提出したものとみなされます。

「どうしても期限に間に合わない！」というときの究極の手段として、「各税務署に設置されている夜間ポストに投函する」という方法もあります。16日の朝、税務職員が出勤してポストを開けるまでは、期限内申告の扱いになります。"奥の手"として、覚えておくといいでしょう。夜間ポストに

入れるときも、返信用の封筒を同封するのを忘れないようにしてください。

以上が、決算書や申告書を提出するまでの流れです。

電子申告ならパソコンでクリックするだけ！

「げっ、めんどくさ〜い！」

と思ったそこのあなた。じつはこれらの作業を、パソコンの前にすわって、クリックだけで済ませる方法があるのです。

それが「電子申告システム」。正確には、国税庁が運営する「e-Tax」（国税）のことをいいます。その他、個人事業者のあなたには関係ありませんが、会社が事業税などを申告するときに使う「eLTAX」（地方税）というシステムもあります（社団法人地方税電子化協議会が運営）。

e-Tax を利用するためには、紙媒体またはインターネットを経由して、「電子申告・納税等開始（変更等）届出」を所轄の税務署に提出します。

・電子申告・納税等開始（変更等）届出
http://www.nta.go.jp/tetsuzuki/shinsei/annai/e-tax/pdf/01.pdf

利用開始届けを提出すると、会社や個人事業者に固有の ID が発行されます。ID は、e-Tax では「利用者識別番号等」と呼ばれています。ID の発行は、書面で提出すれば10日以上かかりますが、オンラインで申請すると即時に発行されるので、WEB 上で申請するほうがラクちんです。

ID を取得したら、所定のソフトウェアを使って申請書を作成し、電子署名を送信します。e-Tax に対応する無料のソフトウェアとして「e-Taxソフト」が用意されており、国税局 HP の e-Tax コーナーからダウンロードできます。また、ソフトウェアなしで e-Tax を利用することができる、

e-Tax ソフト Web 版もあります。

・国税局　　HP　e-Tax コーナー
　http://www.e-tax.nta.go.jp/

・国税局　　個人が e-Tax を利用して申告する場合
　http://www.e-tax.nta.go.jp/kojin.html

　どうです？　かんたんそうでしょう？　電子申告は、ズボラなあなたのためにあるような制度なのです。

電子申告の流れ

開始届出書を提出

↓

利用者識別番号等を取得

オンライン　即時発行
書面郵送　　提出後10日～1ヶ月で通知書が届く

↓

e-Tax対応ソフト（ここではe-Taxソフト）をインストールし、初期設定を行う

※初期設定：受付システムにログインし、利用者ファイルの作成や電子証明書の登録。書面で届けを出したときは暗証番号の変更も必要。

↓

申請データを作成。電子署名し、送信

申請データを作成。(freeeで作成したデータを取り込むだけ)電子署名し、送信

↓

メッセージボックスの受信通知で正常に受領されたことを確認

　freee を使うと e-Tax ソフトから送信できる決算書と申告書のデータをダウンロードすることができます。freee のくわしい手順は以下の URLをご覧ください。

https://support.freee.co.jp/hc/ja/articles/202849230

電子申告では添付が省略できる書類が

「ちょっと待って！　電子申告の場合、源泉徴収票や医療費控除の領収書は、どうやって提出するの？　控除証明書は、インターネットでは送れないですよね？」

　いい質問です。
　なんと、電子申告を選択すると、これらの添付書類を税務署に提出する必要がないのです！

「提出する必要がないって、どういう意味？」

　だって、これらの添付書類を申告書とは別に郵送などで提出していたら、電子申告を選択するメリットがなくなってしまうじゃありませんか。そこで、これらの添付書類は、納税者であるあなたが、「責任をもって」５年間保管しておけばいいことになっているのです。もちろん、ある日突然、税務署がやってきて「ちょっと見せてください」と言われたら、すぐに見せられるようにしておくこと！　という条件はついていますけどね。

「え？　え？　それって、あの、大きな声では言えないけど、やりたい放題にできるってこと……？」

　あー、何をバカなことを考えているんですか⁉　健全な納税者であるあなたは、ちゃんと法律を守って、正しく申告しなくてはいけませんよ！
　電子申告で添付が省略できる書類のうちおもなものを、以下にまとめました。

添付を省略できるおもな第三者作成書類

1	給与所得者の源泉徴収票
2	年金受給者の源泉徴収票
3	社会保険料控除の証明書
4	生命保険料控除の証明書
5	地震保険料控除の証明書
6	住宅ローン控除の借入金年末残高証明書（ただし2年目以降）
7	医療費控除の領収書
8	寄付金控除の証明書
9	株式取引をしている場合の、特定口座年間取引報告書
10	雑損控除の証明書

優先的に還付金が振り込まれ、24時間利用できるメリットも

　電子申告のメリットは、めんどうくさい手続きが不要になることだけではありません。

　まず、電子申告をすると、優先的に還付金が振り込まれるのもうれしい点。申告書を提出してから還付まで、通常は1〜2ヶ月かかりますが、電子申告だと2〜3週間に短縮されます。フリーランスの場合、報酬を受け取るときに源泉所得税を引かれている（215ページを参照）可能性は高く、場合によってはン十万単位で戻ってくることもあります。e-Tax は資金繰りの点でも大変ありがたい制度です。

　また e-Tax は、1月15日から3月15日までの期間限定ですが、24時間いつでも利用することができます（ただしメンテナンス時間を除く）。これなら、昼間は仕事に集中し、自宅に帰って、夜中に申告手続きができる

というわけです。税務署の窓口は、原則、平日8時半から17時までしか開いていないので、忙しい個人事業者にとってはうれしいですね。

　ちなみに、電子申告を利用すると、翌年から確定申告のためのサンプルや、各種説明資料などの入った分厚い封筒が届かなくなります。毎年税務署から届いていたこれらの書類を重宝していた人は、不安な気持ちになるかもしれません。その代わり、去年の中間納税の金額や振替納税のお知らせなど、「税務署からのお知らせ」がメッセージボックスに届くので、「郵便物はすぐにどこかへやってしまう」というズボラなあなたに向いています。

e-Tax を利用するには

　一見いいことづくめの電子申告ですが、じつは最初の登録までの手続きはちょっとめんどうくさかったりします。e-Tax を利用する手順は、以下のとおりです。住民基本台帳カードや、IC カードリーダーの費用は、自分持ちになります。

1 住民基本台帳カードと、電子証明書を入手する

　インターネットを使ってデータを送信するので、セキュリティ確保のため、「電子証明書」というものを取得する必要があります。電子証明書は、本人確認の役割を果たすもので、公的機関だけでなく、帝国データバンクなど民間の認証局で取得することもできます。電子証明書の代表的なものとして、市区町村が発行する「住基カード」があります。

　まずは、もよりの役所まで出向いて、住民基本台帳カードと、電子証明書を作成してもらいましょう。必要書類が整っていれば、基本的には、その日のうちに発行してもらえます。

2 IC カードリーダーを入手する

　住民基本台帳などの IC カードに格納されたデータを読み込むためには、

IC カードリーダーも必要です。IC カードリーダーは、家電量販店等に行けば、どこでも購入できます。

　しかし、住民基本台帳カードの種類によっては、どのカードリーダーでも使えるというわけではないので、注意してくださいね。対応するカードリーダーは、住民票の所在地の市区町村に問い合わせるか、下記の URL で確認してください。

・公的個人認証サービス対応 IC カードリーダライタ普及促進協議会
　http://www.jpki-rw.jp/

3　パソコン環境を整える

　Windows や Mac の OS のバージョンや、ブラウザの状況によっては、インストール時に不具合が起こることがあります。特に、Mac ユーザは、e-Tax との相性がかなり悪いので、苦労するかもしれません。場合によっては「申告だけは Windows 環境を用意しなければならない」なんてこともありそうです。

2 年目以降のチャレンジがおすすめ

　e-Tax ソフトの画面はちょっとわかりにくいところがあり、確定申告 1 年目からいきなり電子申告をするのはハードルが高いかもしれません。IT が得意な人なら、スイスイ出来ることも、インターネットに不慣れな人にとっては、新しいプレッシャーになるだけです。

　もちろん freee を使えば、e-Tax も楽ちんにできるのですが、帳簿をつけるまでで、息切れしてしまった人や、つくった書類に自信がない人は、税務署や地域の無料相談会場に出向き、相談する方法をおススメします。

　まず freee で作った申告書と青色決算書などを 2 部ずつ印刷し、各種証明書など、計算根拠となる資料もいっしょに持参します。半日程度は待たされますが、税務署や無料相談会場にいる税理士に見てもらえば、明らか

な誤りなどを指導してくれるので安心です。

　指導された内容は、その場で修正して提出することもできます。ただし、第7章でも説明しましたが、相談会場では、申告書の記載方法など、明らかなミスを指摘するだけで、申告の内容にまでお墨付きをくれるわけではありません。そこを勘違いしないようにしてくださいね。

　2年目以降で、余裕ができてきたら、e-Tax に挑戦しましょう。慣れてしまえば、クリック1つで申告も納税もできる e-Tax は、ホントにラクちんです。

　特に freee を使えば、2年目以降の記帳や、決算書作成までの時間はかなり短縮されているはずです。これに e-Tax が加われば、心も時間も余裕ができて、空いた時間をビジネスに集中することで、さらに事業を拡大できること、請け合いです！

納税もネットでかんたん

　申告書の提出が無事に終わったところで、いよいよ最終ゴール、税金を納付します。

　じつは、メンドくさいのは申告書の提出だけではありません。税金が発生した場合、所得税を納めるのも、けっこうメンドくさいのです。

　確定申告した人が、所得税を納める方法は、次の3つです。

- **金融機関の窓口で払う**
- **振替納税制度を利用する**
- **インターネットを利用して支払う**

金融機関の窓口で払う

　税務署から送られてくる申告書に同封されている納付書に、金額を記載して、近くの金融機関に持ち込みます。都市銀行、信用金庫、郵便局、どこでも扱ってくれます。

　窓口で番号札をとって、順番に並びます。金融機関にもよりますが、混んでいる支店だと1時間ぐらい待たされることもあります。申告書の提出期限と同じ3月15日（消費税は3月31日）までに納付しないと、延滞税がかかるので、どんなに忙しくても遅れないようにしましょう。

振替納税制度を利用する

電気代や電話代が通帳から引き落とされるように、税金もあらかじめ税務署に登録しておいた口座から、自動的に引き落としが可能です。これを「振替納税制度」といい、申告所得税と個人の消費税を納付するときだけ利用できます。

引き落としの日は、年によって異なりますが、たいてい4月20日ごろです。税金の支払日が約1ヶ月ほど遅くなるので、資金繰りがラクになります。それに何といっても、納付書を作成して、銀行の窓口に行く手間が省けてラクちんです。

でも、うっかり残高が不足していて、引き落としができなかった場合は、3月15日から延滞税がかかるので、注意しましょう。いつも残高がギリギリの「うっかり屋さん」には向いていないかもしれません。

振替納税を利用するためには、「預貯金等口座振替依頼書兼納付書送付依頼書」という長ったらしい名前の用紙を、納付する年の3月15日（消費税は3月31日）までに、税務署に提出しなければなりません。名前は長ったらしくてめんどうくさそうですが、要するに「名前と住所と口座番号を書いて、銀行印を押し、確定申告書といっしょに提出」すればOKです。

インターネットを利用して支払う

インターネットバンキングを使って、自宅やオフィスのパソコンから支払うこともできます。振替納税は引き落とし日が決まっているのに対して、自分で支払う日にちを決められるのがメリットです。

電子申告の手続きをしていなくても、インターネットバンキングを利用して電子納税することができます。ただし、e-Taxで電子証明書を取得していないと、税目番号や金融機関番号、事業年度などを、その都度入力しなければならないので、ちょっと操作がめんどうでイライラします。

e-Tax を利用して電子納税をすれば、電子申告の画面から直接、インターネットバンキングの画面につながるので、これらの情報をいちいち入力する手間が省けてラクちんです。

・国税局　入力方式による納税手続き
http://www.e-tax.nta.go.jp/tetsuzuki/tetsuzuki4_3.htm

電子申告を利用している場合は「ダイレクト納税」を使う方法も

　このほか、電子申告を利用している場合は、「ダイレクト納付」という方法で税金を納めることもできます。電子データを送信したあと、「今すぐ納付する」ボタンまたは「納付日を指定する」ボタンのどちらかをクリックするだけなので、とってもかんたん。銀行とインターネットバンキングの契約をしていなくても使えるのがミソです。

　また、インターネットバンキングを利用すると、金融機関によっては手数料が発生しますが、ダイレクト納付は無料というのも魅力です。

　ダイレクト納付を利用する場合は、事前に「ダイレクト納付利用届出書」を、所轄の税務署に提出しなくてはなりません。

・国税局　申告から納税までの流れ
http://www.e-tax.nta.go.jp/tetsuzuki/index.htm

　なお、確定申告後に発生する住民税は、住民票の所在地の市区町村から届く納付書で払います。住民税の納付書は、通常5月ごろ、郵便で送られてきます。

　これで申告・納税はすべて終了です。無事に最後までたどり着けたでしょうか？　世界一ラクな申告で去年より今年、今年より来年の皆さんのビジネスが加速することを、心から願っています。

付録：会計ソフトfreeeの使い方

Appendix

freeeの基本操作を身につけよう

基本情報を登録する

　まずは、基本的な情報を freee に登録するところからスタートです。インターネットとブラウザさえあれば使える freee なら、インストールなど不要で、いつでもどこでも始めることができるので、とてもかんたんです。

　http://www.freee.co.jp にアクセスして、以下の手順で基本情報を登録してください。

① 「無料で試してみる」ボタンをクリックします。
② 事業形態は「個人事業主」を選択して、メールアドレスとパスワードを入力します。
　※このメールアドレスが freee 上でのユーザー ID になります。
③ 姓名、事業所名（屋号）、住所を入力します。
④ 利用プランを選択します。

「ユーザー登録」画面

口座を登録する

　銀行やクレジットカードのデータを同期することで、経理を自動化できることが freee の大きな特徴です。freee では、銀行口座やクレジットカードなどを総称して、「口座」と呼びます。まずは、この「口座」を登録して、同期の設定をしましょう。

　freee が自動同期に対応している銀行やクレジットカードは、以下のページにまとめられているので、普段使っている銀行が載っているか、確認しましょう。

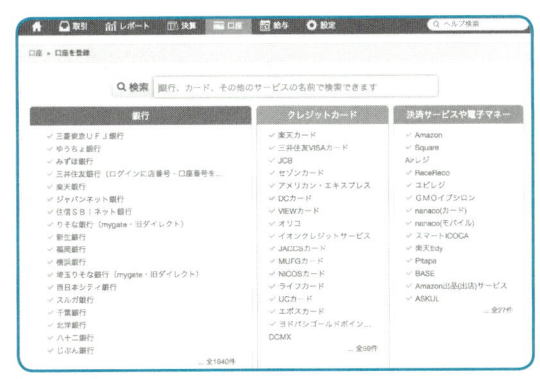

「口座登録」画面

https://secure.freee.co.jp/walletables/sync_bank_list

　同期の設定には、あなたの利用する銀行やクレジットカードの WEB 口座にログインする際の情報が必要です。多くの銀行では、口座番号は WEB 口座のログイン情報としては利用しないので、まちがえないよう注意しましょう。

「口座」の登録と自動同期の設定は、最初の登録の流れに従ってもできますが、次の手順でも行うことができます。

1. 「口座」⇒「口座を登録」をクリックします。
2. 利用している銀行名やカード会社名を検索して、選択します。
3. その銀行やクレジットカードの WEB 口座のログイン情報を登録します。
4. 口座との同期が始まります。
5. 定期的に freee にログインしてみましょう。口座の自動同期を設定していれば、「新着」の明細があるはずです。

「口座」を登録し、自動同期の設定ができると、freee はすぐにあなたの銀行やカードの明細を同期して取得します。

「取引」⇒「自動で経理」をクリックして、どれほど過去までさかのぼって明細が同期されているかを確認しましょう。銀行やカード会社によっては数日から数ヶ月分の明細までしかさかのぼることができません。これは、あなたの銀行やクレジットカードの WEB 口座にログインしてみるとわかります。銀行やカード会社により WEB 口座でどれほど過去の明細までさかのぼれるかが異なるので注意してください。

　一般的には、ネット専業の銀行では長い期間さかのぼることができます。やってみるまでいつまでの同期が行われるかがわからないため、freee で記帳をしばらく行う予定がなくても、この同期設定だけは、1 日でも早く、必ず済ませておきましょう。

● column

あなたの銀行やクレジットカードが自動同期に対応していなくても大丈夫

　あなたが使っている銀行やクレジットカードが、もしも自動同期に対応していなくても、ご安心ください。freeeでは、銀行やクレジットカードのWEB口座からダウンロードできる明細ファイルをかんたんにアップロードすることができます。定期的にファイルをfreeeにアップロードする必要がありますが、それ以外の便利な機能は同じように使うことができます。

　明細ファイルをアップロードする方法は以下のとおりです。

❶ お持ちの銀行やクレジットカードのWEB口座にて、明細ファイルをダウンロードします。

❷ 「ホーム」画面から、明細をアップロードする「口座」をクリックします。

❸ 「明細のアップロード」をクリックし、手順にしたがって明細ファイルをアップロードします。

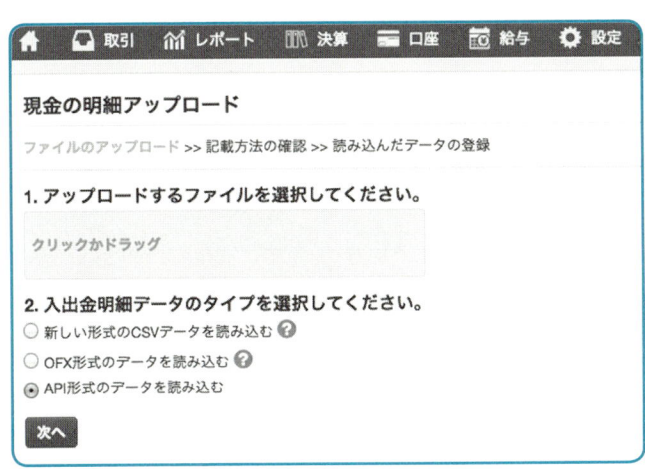

「明細ファイル」画面

freeeで明細ファイルをアップロードする際、前回アップロードしたファイルにも含まれていた重複した明細が入っていても自動で取り除かれるので、気軽に利用できます。

　また、取り込みがうまくいかなかった場合でも、アップロードした情報を削除することもできるので安心です。

便利な「自動で経理」機能

　freeeの大きな特徴の1つが、先ほど出てきた「自動で経理」機能です。「自動で経理」では、freeeに取り込んだ銀行やカードの明細を、かんたんに帳簿に登録したり、編集することができます。

　さらにfreeeは、あなたの銀行やカードの明細に対して使用すべき勘定科目を予測してくれます。予測された科目を確認し、クリックすれば、どんどん帳簿に仕訳が登録されていきます。

　たとえば、あなたのクレジットカードの明細に、タクシー会社っぽい支払先の名前が書かれていると、freeeは「その明細の勘定科目として「『旅費交通費』が適切では？」と予測してくれるのです。

　この機能のおかげで、経理の業務は大幅にラクになります。操作法は、通常、以下の手順を繰り返すことになります。

❶ 明細が取り込まれると「未処理○件」と表示されるので、「取引」⇒「自動で経理」をクリックします。

❷ 明細ごとに勘定科目が予測されていますので、問題なければ「登録」をクリックします。

❸ 勘定科目が予測されていない、またはまちがっている明細は、手動で勘定科目などを入力して登録します。

❹ 登録する時に「自動化」にチェックを入れれば、この登録作業も自動化できます。

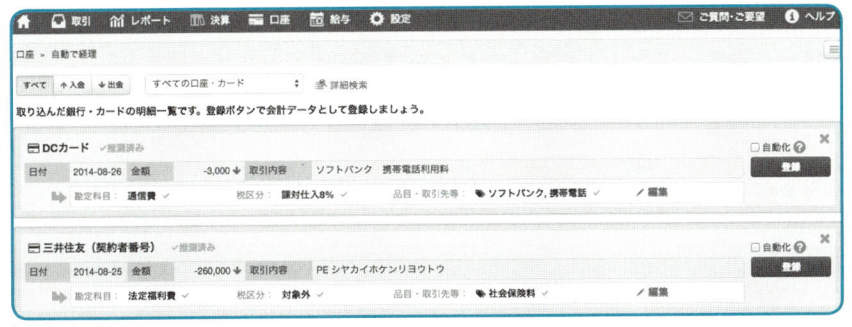

「自動で経理」画面

- column

さらに便利に使うための「自動登録ルールの設定」

とても便利な「自動で経理」の機能ですが、メニューの「設定」⇒「自動登録ルールの設定」から、さらに細かいルールを取引ごとに設定することができます。特に「マッチ条件」の「部分一致」と「完全一致」は、うまく使いこなすと便利です。

以下、くわしく見ていきましょう。

●マッチ条件

【部分一致】

登録した自動登録ルールの「取引内容」の文字列が含まれている場合に、自動登録ルールが適用されます。

たとえば取引内容を「丸善」にして、マッチ条件を「部分一致」にしておけば、「丸善＆ジュンク堂書店」「丸善　丸の内店」などの取引にも適用されます。

「丸善」⇔「丸善」○
「丸善」⇔「丸善　丸の内店」○
「丸善」⇔「丸善＆ジュンク堂書店」○

【完全一致】

登録した自動登録ルールの「取引内容」の文字列と、1文字もずれず、完全に一致しているときに、自動で経理が適用されます。

「丸善」⇔「丸善」○
「丸善」⇔「丸善　丸の内店」×

【後方一致】
　登録した自動登録ルールの「取引内容」の末尾の文字列が一致する取引だけに、自動で経理が適用されます。

「丸善」⇔「丸善」○
「丸善」⇔「丸善　丸の内店」×
「丸善」⇔「ジュンク堂書店 & 丸善」○

【前方一致】
　登録した自動登録ルールの「取引内容」の先頭の文字列が一致する取引だけに、自動で経理が適用されます。

「丸善」⇔「丸善」○
「丸善」⇔「丸善　丸の内店」○
「丸善」⇔「ジュンク堂書店 & 丸善」×

●優先順位
　複数の自動登録ルールがぶつかったときに、優先度の数字が高いルールを優先的に自動登録ルールとして採用します（例：優先度0と1のルールがあれば1を採用）。

●マッチ後のアクション（推測・登録・無視・取引テンプレートを推測する）
通常の「自動で経理」は、つねに「推測」になっています。こちらは、自動同期で取り込まれたデータを、手動で確認してからそのまま「登録」す

るか、修正して「登録」するか「無視」するかというステップが入ります。取引によっては、確認する必要もなく、確実に設定したルールで「登録」するものや、取引を「無視」したいものがあるかもしれません。そういった場合は、「マッチ後のアクション」を利用します。ただし、「マッチ後のアクション」を設定してしまうと、確認なしで「登録」や「無視」が行われてしまうため、本当に確実な処理にだけ利用するようにしましょう。

ほかのソフトから乗り換える場合

現在、弥生会計など、他の会計ソフトを使っている場合でも、freeeへの移行はかんたんです。ほとんどの会計ソフトでは、「仕訳帳」を取り出す（エクスポートする）ことができるからです。

たとえば、弥生会計からデータを移行する方法は以下になります。

1. 弥生会計のアプリケーションを起動します。
2. 「科目設定」画面を開き、メニューの「ファイル」→「エクスポート」から、勘定科目と補助科目の一覧表を汎用形式の CSV で出力します。
3. 前期末の「残高試算表（月次・期間）」を開き、「全期間」を選択後、メニューの「ファイル」→「エクスポート」から貸借対照表を汎用形式の CSV で出力します。
4. 仕訳日記帳」を開き、「全期間」を選択後、メニューの「ファイル」から「エクスポート」から仕訳データを汎用形式の CSV で出力します。
5. freee を開き、メニューの「設定」から「乗り換え設定」を開きます。
6. 画面の手順にしたがって、②〜④でエクスポートした CSV ファイルをインポートします。

くわしい手順は以下の URL をご覧ください。

http://www.freee.co.jp/help/import

取引を登録しよう

取引を登録する3つの方法

freee には、取引を登録する方法が3つあります。

① 「自動で経理」から登録
② 「請求書を作成」から登録
③ 「取引を登録」から直接登録

それぞれの方法を見ていきましょう。

1 「自動で経理」から登録

先ほど出てきましたが、銀行やクレジットカードの「明細」から「取引」を登録する、いちばんかんたんでラクな方法です。

銀行やクレジットカード口座との自動同期や、明細ファイルのアップロードにより freee に取り込まれた「明細」が、「取引」⇒「自動で経理」に表示されます。こちらに適宜必要な情報を加えて、「登録」をするだけです。なるだけ銀行口座やクレジットカードで決済をするようにして、「自動で経理」から取引を登録すれば、経理がラクになります。できることなら、ほとんどの取引をここで済ませられるようにしたいものです。

「自動で経理」は、銀行やクレジットカードの「明細」の内容から、勘定

科目を予測できます。

　勘定科目が予測されている場合は、予測内容が正しいかを確認して、「登録」するだけです。

2 「請求書を作成」から登録

　freee には、PDF の請求書を作成する機能があります。請求書を作成すると、請求内容に沿った「取引」もあわせて自動で登録されます。この機能は、第4章でくわしく説明します。

3 「取引を登録」から直接登録

　銀行やクレジットカードの「明細」に出てこない取引、たとえば現金で文房具を購入した場合や、まだ支払が発生していない未払金の計上などは、以下のようにして、直接取引を入力をします。

❶ 「取引」⇒「取引を登録」をクリックし、登録する取引が収入か支出かを選びます。

❷ 必要に応じて、「未決済」ボタンをクリックして「未決済」の取引を作成します。

　「未決済」とは、銀行やクレジットカードを利用してまだ決済が済んでいない状態の取引です。入金や出金の予定ができたときに登録します。

　請求書を発行した場合は、「未決済」の取引が作成されています。

　銀行やクレジットカードを利用して決済が済んだ状態の取引は「完了」となります。「未決済」にチェックを入れなければ「完了」の取引になります。

「完了」した取引を登録するには、決済を行った口座の選択が必要です。たとえば、「現金」で決済をした「取引」を登録する場合は、「口座」に「現金」を指定します。

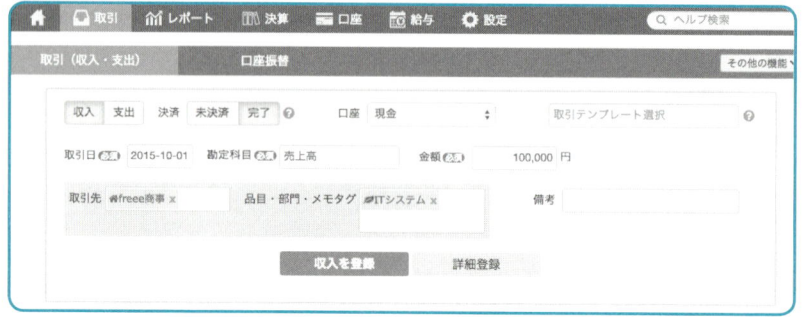

「取引を登録」画面

取引を登録するときに必須の情報

以下の情報は、「取引」を登録する際、必ずつけなければなりません。

・取引日　⇒　取引が発生した日付
　※「自動で経理」から「取引」を登録する場合は自動で設定されています
・勘定科目　⇒　その取引の会計上の分類（くわしくは第1章で説明してあります）
・金額　⇒　その取引の金額
・税区分　⇒　消費税の区分
　※免税業者を選択している場合には、気にする必要はありません（第6章を参照）
　※画面によっては「勘定科目」より自動で補完される場合もあります

取引を登録する際に、必要に応じてつける情報

freee独自の機能の「タグ」には、「取引先」「品目」「メモタグ」「部門」

の４種類があります。基本的な考え方はあるものの、それぞれのタグは柔軟性のある機能で使う人によって自由に使い分けることができます。

このタグには一体何をいれればいいのか分からない！という方のために、筆者（山田）の使い方を紹介します。

取引先

まず、「取引先」です。これは言葉の通り、取引先の会社や個人を入れます。つまり、「誰と取引したか」ですね。例えば、筆者（山田）の事業はWebのコンサルタント事業をやっていますので、コンサルタント先の会社を「A社」「B社」「C社」といったように、売上それぞれに対してタグをつけます。

同じように、あなたがお金を支払った取引先に対しても「A社」「B社」「○○さん」といったように、相手の会社名や個人名を入れていきます。1つの取引に対して、1つの取引先を設定できます。

また、経費精算についても、社員名を取引先として登録しておき、「未決済」の取引として登録し、精算時に支払を登録するのが便利です。

さて、この取引先を入れていく一番の目的は、後で、取引先ごとに売上・仕入れ推移、売掛金・買掛金などの残高を確認することです。ということは、事業に大きな影響を及ぼすような金額の大きい売上や支払のある取引先のほか、売上の取りっぱぐれや、支払忘れなどが起こりうる取引先が主に重要になります。

すべての取引に対して、神経質に完璧に「取引先」を入れていくと結構大変ですね。

筆者（山田）の場合は、じつは取引金額が小さいようなもの（10,000円以下など）については、わざわざ取引先を丁寧につけていません。具体的には、Amazonで本を買ったとき、文房具などのちょっとした消耗品、東京電力での電気料金の支払いなどなど。そういったものは、「取引先」で分析を行なう機会がないので次に説明する「品目」だけを設定しています。もちろん、そういった細かい金額の取引もすべてきっちり入力したい方は、それでも全然問題ありません。

取引先の例（誰と取引したか）

勘定科目	取引先
売上高	A社
	B社
	○○さん（個人）
仕入高	A社
	B社
	○○さん（個人）

品目

「品目」という言葉は、パッとイメージが湧きにくいですね。取引先は、「誰と」取引したかを記録するものでした。品目は、「何の」取引をしたかを記録するものというと分かりやすいでしょうか。

　例えば、勘定科目が「売上高」の場合でも、「何の売上高」なのかは様々ですよね。筆者の場合だと、「コンサルタント顧問料」「執筆原稿料」「Webサイト制作費」など、いろいろな種類の売上があります。あとで、何の売上がいくらだったのか知りたいときに、品目で分けておくと後で分析をすることができます。

　また、従業員からの預かり金を源泉所得税や住民税に分けたり、銀行から複数の借入金がある場合、それぞれを品目に登録しておけば、借入金や預り金の残高がひと目で分かります。

　同じように支払の場合でも、たとえば「新聞図書費」の勘定科目の中にも、「新聞購読料」「書籍・雑誌代」のように中身が分かれます。水道光熱費の勘定科目であれば、「電気料金」、「水道料金」、「ガス料金」などに分かれますね。こちらも「取引先」と同様に、1つの取引にたいして1つの「品目」だけを設定することができます。こちらも、取引先と同じで、分析したいレベルに応じて品目の分類を行います。

その他、「地代家賃」などの勘定科目で「ビル A」「ビル B」などといったテナント名称を指定することで、品目レベルで 1 年間の支出額を集計することができます。

　また、事業とプライベートを兼ねる支出については、この品目と勘定科目の組み合わせで年末に「家事按分」を行うこともできます。たとえば、『ビルB』は、住居も兼ねているので、『ビルB』の『地代家賃』の半分はプライベート利用として登録する」

　といったことができます。

品 目 の 例 （ 何 を 取 引 し た か ）

勘定科目	品目
売上高	コンサルタント顧問料
	執筆原稿料
	Webサイト制作費
仕入高	取材費
	サーバ費用
	有料コンテンツ
地代家賃	Aビル（テナント名）
	Bビル（テナント名）

メモタグ

「取引先」にも「品目」にも該当しないけど、あとでカテゴリを分けて分析したいというときに便利なのが「メモタグ」です。「メモタグ」は取引の明細ごとにいくつでも設定することができます。収入レポート、支出レポートなどをメモごとに絞り込んで表示させられるので、以下のように、集計や検索に利用したい情報を自由に入力することができます。

・「プロジェクト A」「プロジェクト B」のようにプロジェクト名を入れる
・「営業担当者」「経理担当者」など担当者を入れる

部門

　部門というと大層な表現に聞こえるかもしれませんが、売上の小さな個人事業でも意外と複数の事業を回していることが多く、使いこなすと大変便利なタグです。

　筆者の場合は、ほぼフリーランスに近い形態で事業を行っていますが、主に事業として「Web マーケティングの支援」「Web サイトの制作」「セミナー・出版」「自社 Web サービス運用」といった複数の事業を回しています。それぞれで売上と経費が存在するため、大まかにすべての事業の収支を把握するために大変便利です。

　上記のような、事業体毎の違いのほか、「C 店」「D 店」といったような店舗ごとの売上、「営業担当者」「経理担当者」など担当者毎の売上や、経費を把握するのにも使うことができます。あなたの事業に合わせて、使い道を考えてみましょう。

備考

　備考欄では、「取引」についての備考を入力します。「取引先」「品目」「メモタグ」とは異なり、備考の内容毎に集計をすることはできませんが、取引内容について忘れてしまわないよう、詳細な情報を登録しておくことができます。

▸ Appendix-3

未決済の取引に決済情報を登録しよう

「請求書の作成」や「取引を登録」から、「未決済」の状態の「取引」を登録し、その「取引」に対して支払いをした場合や入金があった場合には、「決済」の登録をします。「決済」の登録方法は2つあります。

「自動で経理」から登録

該当する支払が銀行やクレジットカードの「明細」として、freeeに取り込まれた場合に利用できます。手順は以下のとおりです。

①「取引」⇒「自動で経理」から、該当する「明細」を確認します。
② 登録されている「未決済」の「取引」に対する入出金であるとfreeeが予測した場合、「入出金予定とマッチ」が表示されます。
③ 内容にまちがいなければ、そのまま「登録」をクリックするだけで、「決済」が登録されます。もし、「入出金予定とマッチ」に表示されていなければ、「未決済取引の消し込み」タブをクリックします。
④ 未決済の取引から選択する」をクリックして、「決済」を登録する取引を選択して、「登録」をクリックします。

なお、登録されている「未決済の収入 / 支出」の金額と実際の入出金額が異なる場合は、以下のようにしてください。

1. 「取引」⇒「自動で経理」の該当する「明細」で「未決済取引の消し込み」タブをクリックします。
2. 「未決済の取引から選択する」をクリックして、「決済」を登録する取引を選択します。
3. 取引と明細の差額に該当する取引を追加します。明細の金額の方が多い場合は「行を追加」をクリック、明細の金額の方が少ない場合は「預り金・支払手数料を追加」をクリックして、金額に差額を入力します。
4. 「登録」をクリックします。

「取引の編集」から登録

「取引の編集」から登録する場合は、以下の手順になります。

1. 「取引」⇒「取引の一覧」から、決済情報を登録したい「取引」をクリックします。
2. 中段の「決済を登録」をクリックします。
3. 「決済口座」、「決済日」、「決済金額」を指定し、登録します。

取引を編集する

入力にまちがいがあったときなど、登録した「取引」に変更が必要な場合でも、以下のようにしてかんたんに取引の編集ができます。

1. 「取引」⇒「取引の一覧」から、編集したい「取引」をクリックします。
2. 必要な変更を加えて「保存」します。

「決済」が登録されている取引の場合は、変更に制限がある場合もあります。その場合は、まずいったん「決済」を削除してから編集します。

別の口座に資金が移動した場合は

「口座振替」とは

　以下のように、ある「口座」から別の「口座」に資金が移動した場合には、「取引」の種類に「口座振替」を登録します。

・ある銀行口座から、別の銀行口座へ資金を移動した場合
・クレジットカードの毎月の利用額が引き落とされた場合
　※freeeではクレジットカードも「口座」の一種なので、クレジットカードの引き落としは「決済」ではなく「振替」となるので、注意してくださいね。

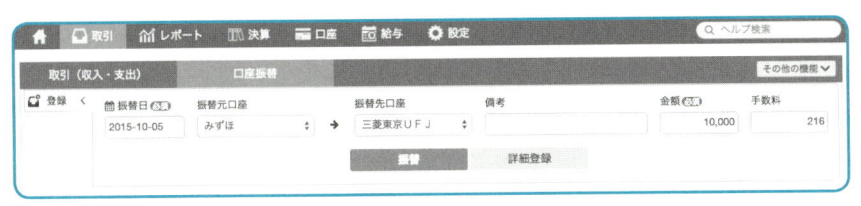

「口座振替」画面

口座振替を登録する2つの方法

口座振替を登録するには、2つの方法があります。

1 「自動で経理」から登録

freee に取り込まれた銀行やクレジットカードの「明細」に該当する「口座振替」が含まれる場合がこれにあたります。手順は以下のとおりです。

❶「取引」⇒「自動で経理」から、該当する「明細」を確認します。
❷「口座振替・カード引落し」タブをクリックし、振替先の「口座」を選択し、「登録」します。
※出金明細に手数料の金額が含まれる場合は、「手数料」欄に金額を入力します。

2 「取引を登録」から登録

❶「取引」⇒「口座振替」をクリックします。
❷ 振替日、振替元の「口座」、振替先の「口座」を指定して「登録」します。
※振替で発生した手数料も同時に登録する場合は、「手数料」欄に金額を入力します。

● column

カードの取引を入力する際の注意

クレジットカードや、SMART ICOCA などの交通系 IC カードを、freee と同期すると、自動で情報が取り込まれてとっても便利です。勘定科目などを確認していけば、サクサクと帳簿づけが進んでいきます。これで、「旅費交通費」「消耗品費」「広告宣伝費」などの経費はバッチリ記録されていくはずです。

「あれ？　でもクレジットカードや、モバイル Suica が銀行から引き落と
されたお金はどうなっているの？」

　そう、実際にクレジットカードや IC カードが引き落とされたときのお
金の流れは別途記録する必要があるのです。

　これらの処理は、「銀行口座からカード口座への振替」という処理で記
録します。ここまで完了して、実際のお金の移動が帳簿に反映されます。
「カードの自動同期」＋「銀行口座からカード口座への振替」の処理でワ
ンセット、と覚えておきましょう。

　freee では下記のように操作してください。

●自動同期している銀行から、クレジットカードの引き落としがあった時
①メニューの「取引」⇒「自動で経理」から、クレジットカードの引き
　落としに該当する出金明細をクリックします。
②「口座振替・カード引き落とし」タブをクリックします。
③「振替先口座を選んでください」という欄で振替先のクレジットカード
　を選択して、「登録」ボタンをクリックします。

●交通系 IC カードに、現金で入金した時
①メニューの「取引」⇒「口座振替」を選択します。
②「振替日」を入力します。
③「振替元口座」に「現金」を指定します。
④「振替先口座」に該当する交通系 IC カード名を選択します。
⑤「金額」を入力して「振替」ボタンをクリックします。

ササッと引ける！キーワード一覧

英字

e-Tax	237
e-Tax コーナー	237, 238
Excel	36
freee	39
FX 取引	95, 168
PiTaPa	109
SMART ICOCA	109
Suica	72, 109
Zaim	23

あ・い

青色申告	140, 143, 147
赤字の繰り越し	147
預り金	98, 149
維持費	77, 93
一時所得	54
一般調査	207
医療費	93, 236
医療費控除	89, 166, 226, 236
印紙税	97
飲食費	78
インポート	255

う・え・お

売上	118, 120, 149
売上請求書	26
売掛金	123, 188
売掛レポート	126
エクスポート	255
延滞税	213, 229
お金を借りた場合	132, 163

か

買掛金	108
会議費	78
確定申告	51
火災保険	93, 96
家事按分	64, 76, 83, 93, 157
貸倒れ	188
貸倒損失	191
貸倒引当金	190
貸付金	149, 163
過少申告加算税	213
家族	68, 75, 112, 143
株式会社	152
株式投資	95, 168, 240
借入金	149
借りたお金を返済したとき	136
簡易課税	196, 201
簡易な接触	205
勘定科目	31, 41, 42
完全一致	253

き

期間損益	179, 184
器具備品	159
期ずれ	178
記帳	55
寄付金控除	93, 240
基本情報を登録する	248
給料	143
給与所得	54, 101, 145
銀行口座	15, 17, 249
銀行預金	149

く・け

車	70, 149
クレジットカード	19, 40, 250, 265
携帯電話代	31
経費	53, 61
経費帳	19, 105
消し込み	123, 174
決済	263
決算	172
決定	214
減価償却	185
減価償却費	68, 70, 159, 185, 187
現金	129, 149
源泉所得税	97, 111, 215
源泉徴収	215, 235, 240
原則課税	197

こ

工具器具備品	159
交際費	78, 104
口座・カード振替	267
口座振替	265
口座を登録する	249
控除	89
更新料	160

更正	214
厚生年金	218
交通系 IC カード	110, 266
光熱費	69, 104
後方一致	254
国民健康保険料	90, 157, 162, 218
国民年金	90, 158, 162, 218
国民年金基金	90
国民年金保険料	235
固定資産	158, 187
固定資産税	93, 97
個別評価	191

さ

在庫棚卸	182
査察	206
雑所得	54, 164, 168
雑損控除	93, 240
山林所得	54

し

仕入れ	180
敷金	160
事業所税	97
事業所得	54
事業税	97
事業主貸	64, 79, 90, 94, 149, 156, 162, 163, 165, 166
事業主借	64, 150, 156, 162, 163, 165, 166
事業主勘定	151, 169
資金の移動	155
資産	149
地震保険料	92, 93, 235, 240
地代家賃	113
自宅マンションの管理費	67
自動車	70, 149
自動車税	71, 97
自動で経理	253, 256, 263, 266
自動登録ルールの設定	253
支払請求書	27
社会保険	218
社会保険料	90, 93, 111, 162, 240
車両運搬具	159
重加算税	178, 213
住宅ローン	68, 168, 227
収入	53
住民税	96, 97, 100, 162, 214
重要性の原則	86
修理費	71
授業料	86
宿泊費	77

出金	58
出金伝票	105
出資	220
出張	75, 77
趣味	84
受領	23
少額不徴収	86
小規模企業共済等掛金	93
証書	133
譲渡所得	54
消費税	97, 193
消費税が非課税になるもの	195
消耗品費	32
食事代	78
所得	53
所得控除	93, 227
所得税	96, 97, 162
所得税の税率	99
所得の種類	54
資料せん	209
白色申告	140, 144
仕訳帳を取り出す	255
申告書	224, 235
申告納税	216

す・せ

水道代	68
税額控除	227
生活費	113, 156
請求額と入金額が違うとき	126
請求書	107, 121, 257
生計が同じ	143
税務署	205, 227
税務調査	206
生命保険料	92, 93, 235, 240
節税	102
接待	79, 104
前方一致	254

そ

贈与税	69, 220
租税公課	98
ソフトウェア	32, 159
損益計算書	148, 149

た・ち

第三者作成書類	240
貸借対照表	138, 148, 149, 163
退職所得	54
耐用年数	185
ダイレクト納税	246
タグ	91, 135, 138, 258

建物	149
着眼調査	208
駐車場代	71

つ・て・と

通信費	31
定額法	185
定率法	186
手数料	155
電気代	68, 87, 104
電子申告	237
電子納税	245
電子保存	28
店主貸	64, 79
店主借	64
電話代	68, 87, 104
投資	54, 95, 184
登録免許税	97
特別調査	207
取引	257
取引先	259
取引資料せん	223
取引を登録	258
取引の編集	264
取引明細書	23
取引を登録するときに必須の情報	258
取引を登録するときに必要に応じてつける情報	258

な・に・ぬ・ね・の

内部資料せん	223
入金	58
入金口座	117
入金サイト	125
入金予定日	128
入出金予定とマッチ	124
任意調査	207
年金	240
年末調整	215
納税	244

は・ひ・ふ

配偶者控除	101, 144
配当所得	54
発生主義	59, 108, 173, 179, 183, 188
発生日	108
引当金	189
引落明細書	23
備考	262
費用	149
費用収益対応の原則	179, 183, 189
品目	260

複式簿記	148
福利厚生費	77, 79, 89
負債	149
不動産取得税	97
不動産所得	54, 166
部分一致	253
扶養控除	144
振替納税制度	245
分離課税	164, 170

ほ

報酬	216
法人税	97
法定調書	222
保険	96
保証金	160
本則課税	199

ま・み・む・め・も

前受収益	177
前払費用	176
マッチ後のアクション	254
マッチ条件	253
未決済	126, 174, 259, 263
未収金	123, 130, 149, 175, 188
未収金の取りっぱぐれ	127
みなし仕入れ率	196
未払金	108, 149, 174
未払費用	86
無申告	209, 211
無申告加算税	213
無料相談	205, 227
メモタグ	94, 166, 170, 261
元入金	150, 151

や・ゆ・よ

家賃収入	93, 166
弥生会計	255
やよいの青色申告	37
優先順位	254
預金通帳	14, 28

り・れ・ろ

利子所得	54
利息収入	158
領収書	22, 71
旅費交通費	76
累進課税	99, 145
礼金	160
レシート	23
ローン	138, 168, 220

著者プロフィール

原 尚美 （はら なおみ）

税理士。東京外国語大学英米語学科卒業。

7人家族に嫁ぎ、専業主婦になるが、社会との接点が欲しくて、税理士を目指す。TACの全日本答練「財務諸表論」「法人税法」を全国1位の成績で、税理士試験に合格。直後に出産。育児と両立させるため、1日3時間だけの会計事務所からスタートし、現在は全員女性だけのスタッフ22名、一部上場企業の子会社やグローバル企業の日本子会社などをクライアントにもつ。

決算書の格付けや事業計画書の作成など地に足のついた経営支援を通じて、クライアントの9割が黒字の実績を誇る。海外進出支援にも力をいれており、ミャンマーにアカウンティング・サービスの会社を設立、中小企業の海外進出をサポートしている。

東京税理士会綱紀監察委員、東京税理士会蒲田支部副支部長。蒲田青色申告会監事。

著書に、『小さな会社のための総務・経理の仕事がわかる本』『個人事業者のための会社のつくり方がよくわかる本』『小さな起業のファイナンス』（いずれもソーテック社刊）、『51の質問に答えるだけですぐできる「事業計画書」のつくり方』（日本実業出版社刊）、『7人家族の主婦で1日3時間しか使えなかった私が知識ゼロから難関資格に合格した方法』『一生食っていくための「士業」の営業術』（いずれも中経出版刊）、『トコトンわかる株式会社のつくり方』（新星出版社刊）がある。その他、『経理ウーマン』など、雑誌への寄稿、東京商工会議所港支所主催「小さな会社の事業戦略」などのセミナー実績も多数。

山田 案稜 （やまだ ありゅう）

株式会社パワービジョン代表取締役。同志社大学哲学科卒業後、システムエンジニアを経て、2007年にWEBマーケティング専門会社パワービジョンを立ち上げる。中小企業から東証一部上場企業まで幅広くWEB事業のコンサルティングを手がけ、最近は、スタートアップ企業のマーケティングに意欲的に取り組んでいる。独立のコンサルタントとして8年以上事業を行っており、フリーランススタイルの事業運営にも精通している。読書会の主宰をライフワークとしており、現在はbizima（ビジネス・マーケティング研究会）を運営している。

著書に『すぐに使えてガンガン集客！WEBマーケティング111の技』『Googleアドワーズ&Yahoo!リスティング広告 最速集客術 〜SEMの極意』（いずれも技術評論社刊）、『小さな会社のWeb担当者になったら読む本 ― ホームページの制作から運用・集客のポイントまで』（日本実業出版社刊）、『WebクリエイターのためのWebマーケティング』（ソシム刊）がある。

カバーデザイン
渡邊民人（TYPEFACE）

本文デザイン・DTP
TYPEFACE

編集協力
佐々木大輔、鈴木幸尚、高橋啓太、東後澄人、
平栗遵宜、松井一透（freee 株式会社）

編集
森川翔太

● お問い合わせについて

本書に関するご質問は、FAX か書面でお願いいたします。電話での直接のお問い合わせにはお答えできません。あらかじめご承知おきください。下記の Web サイトでも質問用フォームを用意しておりますので、ご利用ください。

● 問い合わせ先

〒162-0846　東京都新宿区市谷左内町21-13
株式会社技術評論社　書籍編集部
「ひと月 3 分、ムダ 0 確定申告」係
FAX：03-3513-6183
Web：http://gihyo.jp/book/2015/978-4-7741-7792-2

ひと月 3 分、ムダ 0 確定申告
税理士が教えたくなかった最強節税術

2015年 12月 25日　初版　第1刷発行

著　者	原尚美＋山田案稜（はらなおみ＋やまだありゅう）	
発行者	片岡巌	
発行所	株式会社技術評論社	
	東京都新宿区市谷左内町21-13	
	電話　03-3513-6150　販売促進部	
	03-3513-6166　書籍編集部	
印刷・製本	日経印刷株式会社	

ISBN978-4-7741-7792-2　C2034
Printed in Japan